MAS ESTAMPAS DE BADAJOZ

Primera edición: 1960

Edición facsímil: abril 2024

EDITA:
Editamás, editorial y contenidos digitales

DEPÓSITO LEGAL:
BA-000135-2024

ISBN:
978-84-128309-8-9

IMPRESIÓN Y PEDIDOS:
www.editamas.com
924 180791

Impreso en papel con certificado FSC
Impreso con procesos ecológicos

Prólogo a esta edición facsimilar

Han transcurrido más de 28 años desde diciembre de 1995, en el cual promoví la edición facsimilar del primer volumen publicado de Manuel Alfaro Pereira titulado "Badajoz Estampas Retrospectivas" prologado por mí también, editado por Universitas Editorial, en el cual prometí la publicación de este segundo volumen. Aquel libro titulado "Badajoz Estampas Retrospectivas" fue publicado por el Excmo. Ayuntamiento de Badajoz en septiembre de 1956, siendo Alcalde-Presidente el Excmo. Sr. D. Ricardo Carapeto Burgos.

Ahora he promovido también la edición facsimilar del segundo volumen publicado de Manuel Alfaro Pereira titulado "Más Estampas de Badajoz" que fue editado por el Excmo. Ayuntamiento de Badajoz en diciembre de 1960, siendo también Alcalde-Presidente el Excmo. Sr. D. Ricardo Carapeto Burgos.

El motivo principal de realizar esta edición facsimilar del libro "Más Estampas de Badajoz", es porque la edición se encontraba agotada y muchos ciudadanos de Badajoz querían disponer de él y además, al encontrar recientemente en el archivo documental de mi tío abuelo paterno D. Manuel Alfaro Pereira, otras Estampas inéditas y fotografías que podrían ilustrar las Estampas de sus dos libros ya publicados así como el otro libro que voy a publicar titulado "Estampas inéditas de Badajoz", haría que la producción de las crónicas urbanas de D. Manuel Alfaro Pereira, fuera publicada al completo e ilustrada con las fotografías que en su día tenían que haber ilustrado los libros ya publicados de él y que no lo fueron por el coste de edición en aquella época.

De esta manera, el lector, podrá visualizar en el libro "Estampas inéditas de Badajoz", las fotografías que ilustrarían los tres libros cuyo autor material fue D. Manuel Alfaro Pereira, Cronista oficial de la ciudad de Badajoz en aquella época, la primera mitad del siglo XX.

Manuel Alfaro Domínguez.
Sobrino nieto paterno de D. Manuel Alfaro Pereira.

MAS ESTAMPAS DE BADAJOZ

POR

MANUEL ALFARO PEREIRA

PRÓLOGO DE

RICARDO CARAPETO BURGOS

PUBLICACIONES DEL EXCMO. AYUNTAMIENTO
DE BADAJOZ
1960

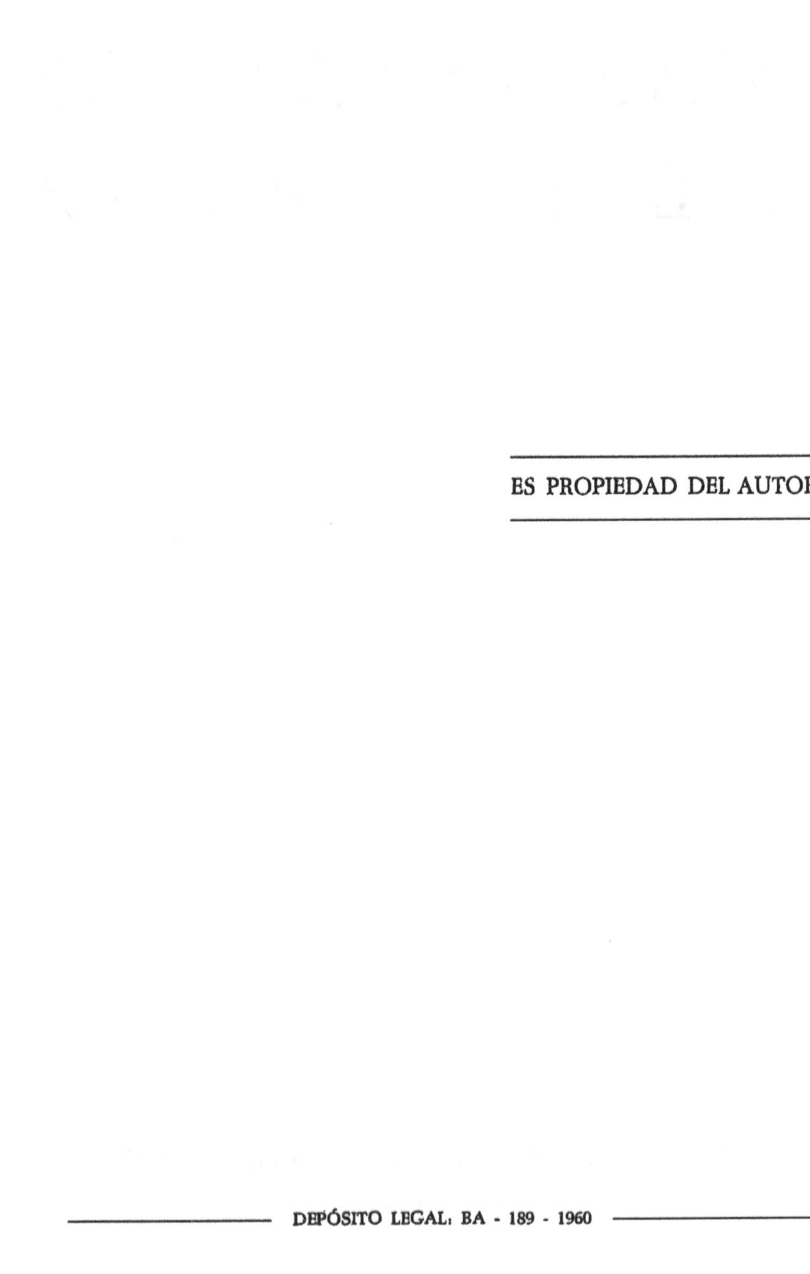

DEPÓSITO LEGAL: BA - 189 - 1960

PRÓLOGO

Por segunda vez he de aparecer prologando el, también, segundo tomo de Manuel Alfaro que edita el Excmo. Ayuntamiento, y ni que decir tiene que con plena satisfacción; pero sírvame de exculpación la reiteración que me hace el rector de estas ediciones Tomás Gómez Infante, quien sin duda, temeroso de que descargue en él esta obligación poniendo en mejores manos que las mías el comentario, me acucia de continuo a que lo haga, y a ello voy.

Manuel Alfaro, desde la atalaya de su comercio, presenciaba cada día el ajetreado ir y venir mañanero en la Plazuela del Correo antiguo e iba sumando conocimiento de personajes, y a través de una suave conversación, las opiniones e íntimo sentir de muchos de ellos. Su afable popularidad era imán que los atraía al rellano de su tienda donde se gozaban de la fácil intimidad de nuestro amigo, muchos de ellos pacenses, y algún que otro portugués que hacía también allí parada.

De este toque diario fué sacando el ánimo, tímido, templado en el contraste que establecía entre la pluralidad de los demás y su propio parecer, pues al fin la vida es una sucesión de contrastes que reafirmaron poco a poco la voluntad de hacer y su deseo de expresión, que con una laboriosidad tenaz acometió por puro gozo y pasatiempo el recoger en cada momento la impresión de cada hecho, por minúsculo que fuera, sin confiar a la memoria aquello que vino a formar después el acervo espiritual de buen vecino de Manuel Alfaro, con el que nos regaló en sus charlas en la radio y los que ahora salen a la luz como un recuento saudoso de pasados tiempos.

Yo le recuerdo con aquel paletó echado por los hombros y aquella gorra con que se cubría, caminar sosegadamente y con la pupila despierta a la observación, la mano abierta para el saludo y en la cara la sonrisa, calle arriba del Granado hasta llegar al llano de San Juan (y ahora me explico, al sentir yo mismo la palpitación de la Plaza que me da vida), el porqué del breve paseo mañanero, acompañado de su hermano Pedro, para recalar después en los días de domingo en el café que se llamó de La Estrella. En él entraban, mediada la mañana, y se sentaban a su lado izquierdo dando Manuel invariablemente vista a la Plaza, cuyo movimiento seguía con interés y sin perder detalle, pues parecía avaro en retener la vida y el movimiento de aquel espacio abierto, otra vez, testimonio para el futuro, la estampa de cualquier lugar cuando éste iba a sufrir transformación, obtenía y conservaba con amoroso cuidado una oportuna fotografía, y así el Badajoz tan querido, fructificaba después en la hondura sentimental de su recuerdo, pues pocas veces podrá decirse con mayor acierto, como de lo escrito por Manuel Alfaro, que es el fruto de su observación, de su sentir y de su querer. Lazarillo amoroso que nos conduce por los parajes que no vimos, pues ya desaparecieron, que con el báculo de su pluma va señalando lugares y personas, mas fijaros que lo hace como si al *referirlo tuviera una música de fondo fundamental en sus narraciones, la belleza; todo en ellas se asombra de lo bello, de la luz, del colorido de las cosas y de la bondad de las almas, y lo hace con la pleitesía de aquella época en la que no se había roto el encanto milenario de contemplar la roca, el valle o la montaña a través de los ojos de la mujer amada.*

Lazarillo también oportuno cuando refiere cómo fueron aquellos bailes, aquel teatro, la romería o el concurso, las representaciones teatrales o las ferias o las corridas de toros, pues en todas hay detalles mínimos del lugar donde fueron o estaban, de la costumbre que a medida que se acreciente el tiempo ganarán valor por su distancia y por su detalle, y así, cuando describe, por ejemplo, la Romería de Bótoa, rodeándola de todo el mimo de un buen romero, nos dice, como de pasada, que era tradicional el mandil en las mujeres que le daban tono popular y uniformidad de atuendo; nos dice también cómo iban de bellas las romeras; cómo los comercios rivalizaban en finos modelos de alegres tonos que salpicaban el campo con la mujer así ataviada como nuevas y fragantes flores, y aunque no se detiene en ello, bien sabemos, y lo insinúa, de la utilidad de tal prenda, ya que habrían de sentarse en la pradera y el mandil servía entonces tanto de adorno como de honesta cobertura, y es aquí donde para mí radica el interés mayor de sus narraciones en el detalle mimado que servirá para reconstruir la vida y las costumbres en nuestra ciudad de antaño y a la que si Dios quiere añadiremos nuestros propios recuerdos, dejando espacio abierto a nuestro patriarca. Monterrey, cuyas notas espero, y entre todos los que algo puedan decir poner el sonoro aleluya que brota del corazón de los que amaron, cada cual a su modo, nuestra ciudad. Nuestro recuerdo para los que ya no existen: Lorenzo Pesini, José Acuña, Salustiano Sanabria, que tanto conocieron de ella, mi gratitud, porque de ellos escuché algún relato de vibración acorde.

A Manuel Alfaro otra despedida entrañable para aquel caballero, espejo de laboriosidad y de hombría de bien, a quien comparo con aquel bondadoso párroco que, subiendo por otra calle paralela, la de la Sal, iba repartiendo saludos, bendiciones y parabienes. Manuel Alfaro nos los dejó en sus escritos, en los que quiso poner, con un saludo reverente para todos, su mejor dedicatoria para su pueblo: «A TU MEJOR SERVICIO».

Ricardo Carapeto Burgos.

EL PASADO

El año 1902 no tuvo malos comienzos para varios convecinos nuestros, a quienes el loco azar, en forma de gordo de la lotería, obsequió con 28.000 duritos en el número 19589.

140.000 pesetas repartidas entre diez afortunados señores, visto desde hoy, apenas representa un puñadito de monedas; pero entonces, 140.000 pesetas, que correspondían a cada uno de los décimos premiados, no era realmente para volverse loco, pero resolvían muchas cosas.

Como todos los favorecidos eran personas conocidas en el Badajoz del 900, quizá muchos señores lectores recordarán los nombres de aquéllos, de los que ignoro si quedan supervivientes. Eran éstos don Felipe Cabañas, redactor del *Nuevo Diario de Badajoz*; Francisco Paniagua y Alfonso Rodríguez, camareros del Café Suizo, que llevaban el décimo a medias; don Antonio Almendro, propietario del taller de mármoles de la calle Hernán Cortés; Fernando Pocostales, Cándido Mateo, jefe de comedor del Hotel Garrido; doña Adela Ortega, doña Eusebia Martínez y Juan Pinilla. Estos dos últimos jugaban un décimo a medias.

La Administración favorecida fué la de doña Purificación Merino, establecida en el local que actualmente ocupa el Bar Colón.

Una nota tristísima registró este año, llenando de dolor a todos los pacenses por las circunstancias en que el trágico suceso se desarrolló. Me refiero a la catástrofe ocurrida en el Guadiana, en el lugar conocido por El Pico, un día en el que se celebraba la Romería de Bótoa, al zozobrar una de las barcas que transportaba a muchas personas desde la orilla al sitio mencionado, ahogándose varios miembros de conocida y muy estimada familia de Badajoz.

Este doloroso suceso produjo la mayor consternación, pues las circunstancias en que se produjo daban más tristes matices a la tragedia.

Aún recordamos el paso del cortejo fúnebre por la calle Moreno Nieto con los nueve féretros, a los que seguía impresionante multitud. Muchos sucesos quedan grabados en la imaginación con tal fuerza, que ningún detalle se escapa a la invocación. De manera obsesionante martillean la imaginación cada vez que el recuerdo de este terrible suceso viene a mi memoria los sones de la marcha fúnebre que interpretaba la Banda Municipal tras el entierro, que recuerdo indeleblemente.

Durante uno de los meses de este 1902, el Arquitecto municipal, que lo era don Luis Saldaña, presentaba al excelentísimo Ayuntamiento, en sesión celebrada el 25 de Abril, el proyecto y presupuesto para la construcción del Instituto, por valor de 130.000 pesetas, cuyas obras de derribo comenzaron poco tiempo más tarde.

Un hecho destacado y de gran brillantez tuvo lugar en el Paseo de San Vicente, no convertido aún en Parque de Castelar. El acto lo constituyó la bendición de las banderas del regimiento de Castilla número 16, pues dábanse de baja las dos viejas enseñas después de los hechos relevantes realizados en la campaña de Cuba, las cuales serían conducidas al Museo del Arma de Infantería, junto a otros gloriosos trofeos allí reunidos.

Enorme gentío invadía la vieja plaza bajo la caricia del sol primaveral. Se había levantado un altar frente al cuartel de la Guardia Civil; a ambos lados fueron situadas las banderas que habrían de sustituir a las antiguas, custodiadas por un señor Oficial.

Frente a ellas hallábase el regimiento de Castilla, entre cuyos cuadros aparecían las viejas gloriosas banderas, adquiridas en 1876. Fué aquella una escena interesante: la emoción embargaba al público por la solemnidad de aquellos momentos.

A una orden del Coronel, de cada batallón se destacó una escolta con las armas terciadas, al mando de un Oficial, que se dirigió al estrado para hacerse cargo de las nuevas banderas. Ante ellas se situaron la música y banda de trompetas.

Un Jefe ordenó en este momento presentar armas y el Ayudante, al toque de tropa, marchó hacia el altar con las banderas y su escolta, siendo recibidas por los Capellanes del regimiento, acompañándolas al altar. Al mismo tiempo se agrupaban para presenciar este acto el Coronel, Jefes y Oficiales.

No es fácil describir estos momentos tan profundamente emotivos. Aquel espectáculo produjo honda emoción, pues estaba reciente la campaña de Cuba y Filipinas, en que la bandera del primer batallón se cubrió de gloria en los campos de batalla, y ante ella, el pueblo se sintió emocionado por los recuerdos que despertaba.

Rodilla en tierra rindieron banderas los respectivos abanderados y desplegadas que fueron las enseñas colocáronse sus portadores al lado del Evangelio.

Una de las banderas fué entregada por el coronel del regimiento, don Domingo Recio, y la otra por el teniente coronel, don Vicente Ambel y Cárdenas, en cuyo momento fueron bendecidas.

Inmediatamente de hacerse cargo los abanderados, situáronse en el lugar correspondiente en las filas. Finalizada la misa de campaña pobló el ambiente del viejo y sucio Campo de Presidio, prolongado y sonoro, el toque de silencio, en cuyo instante, el coronel, señor Recio, pronunció una brillante alocución a las fuerzas allí reunidas, terminando con imperativo y firme acento de atención a los batallones, orden de apunten, y reiterado el mandato con el supremo de fuego: ¡Batallones! ¡Apunten! ¡Fuego!

El piquete, situado en las murallas, ejecutó la descarga, y poco más tarde se efectuó el desfile hacia el cuartel, donde se obsequió a la tropa y clases con abundante refrigerio.

Fué aquel un acto que revistió gran majestad, del que conservamos vivo y fijo recuerdo; para muchos constituyó verdadera emoción patriótica admirar las gloriosas banderas que asistieron a la guerra en las Antillas, y es justo decir que en muchos ojos hubo temblor de lágrimas ante tan emotivo momento. Como es sabido, el regimiento de Castilla, titulado el Héroe, poseía la corbata de San Fernando.

En el mes de Junio fallecía en Madrid don Nicolás Díaz Pérez, cronista de Badajoz. El excelentísimo Ayuntamiento le otorgó la alta distinción de declararle hijo predilecto, acuerdo más tarde discutido.

La personalidad literaria del señor Díaz Pérez fué igualmente discutida en alguna ocasión, pero cualquiera que sea en definitiva el fallo de la crítica, no se le podrá negar el extraordinario mérito de sus trabajos de investigación, su constancia y amor al estudio y su gran cariño por Badajoz. Sus obras más destacadas son, o al menos las más conocinas, fueron: *El Diccionario de extremeños ilustres, Extremadura, De Madrid a Sevilla, Historia de Talavera la Real, Plutarco* y otras que figuran en todas las bibliotecas de entonces.

Otra noticia de estos días fué el acuerdo de la Corporación municipal de colocar una lápida conmemorativa en la casa en que nació el ilustre compositor Cristóbal Oudrid, autor, entre otras obras, del *Postillón de la Rioja* y *El molinero de Subiza*, así como del poema descriptivo *El sitio de Zaragoza.*

La referida vivienda del notable autor musical hallábase situada en la esquina de Zurbarán y Plaza de España, en cuyo piso bajo existe en la actualidad un almacén de maquinaria agrícola.

Un suceso que puso en pié a la población fué el ocurrido en La Germinal, sociedad obrera establecida en la calle Chapín, donde hoy se halla el Salón Royalty. Hubo movimiento huelguístico de carácter revolucionario, inquieto y nervioso, pues siempre hay espíritus levantiscos que agravan las situaciones.

Con motivo de la huelga se provocó una de esas situaciones difíciles que llegó a ser alarmante. El hecho fué que la sociedad estaba abarrotada, pues habían ocurrido sucesos sueltos por los cuales era de esperar la natural reacción.

Yo recuerdo haber visto ascender a galope por la calle de Moreno Nieto, una mañana del mes de Junio, a una sección de la Guardia Civil al mando del entonces teniente Carrillo. Luego supimos que se dirigía a La Germinal.

Según los relatos de la Prensa, parece que dicha fuerza

fué recibida agresivamente, derribando a uno de los guardias a pedradas, haciendo imposible la llegada de la fuerza al edificio ante la furiosa embestida de los allí concentrados. La Benemérita hubo de repeler la agresión disparando sobre los balcones de dicho edificio, resultando gravísimamente herido un obrero, que falleció más tarde.

Para que todo no sea trágico, diré a ustedes que la temporada taurina de hace cincuenta y tres años comenzó el 8 de Marzo con la lidia de cuatro novillos-toros, como entonces rezaban los carteles, para Manuel Megías *Bienvenida*, padre de los actuales diestros y acompañado de Fernando *el Gallo*, hermano de Rafael.

En San Juan vimos a dos renombrados espadas: Fuentes y *Machaquito*, el arte y el valor reunidos. Durante la feria de Agosto se celebraron tres corridas: la primera el día 15, lidiándose toros de Concha y Sierra por los diestros Félix Velasco, *Pepe-Hillo* y *Lagartijillo*.

La tarde siguiente reses de Campos Varela para *Lagartijillo*, *Quinito* y Félix Velasco. Quizá recuerden algunos supervivientes de aquellos días y de buena memoria un sucedido en esta corrida que pudo tener trágicas consecuencias. Igualaba Félix Velasco para entrar a matar a su primer toro, estando entablerado el de Campos a la derecha de los toriles y cuando el diestro se perfilaba para consumar la suerte, un espectador le arrojó un botijo que le dió en plena frente, produciéndole fortísima conmoción. Pudo ser descubierto el inconsciente agresor, que fué detenido momentos después.

Por fortuna el matador pudo dar muerte a su enemigo por verdadero milagro, pues estuvo expuesto a gravísimo riesgo, tanto por el brutal golpe recibido como por la posible arrancada de la res, la cual hubiera hecho presa segura dada la conmoción del espada. Al día siguiente, *Quinito*, *Pepe-Hillo* y Félix Velasco despacharon seis buenos mozos de Palha, el prestigioso ganadero portugués, en cuya corrida tuvo lucida intervención el conocido cavaleiro Manuel Casimiro en dos novillotes de la citada ganadería.

Y ya que de asuntos taurinos hablamos, diré a ustedes que el 13 de Abril realizó la primera tienta de su ganadería don Manuel Albarrán Martínez, ganadero escrupuloso donde los hubo, notable e inteligente conocedor del secreto de hacer una vacada con renombre y prestigio.

Por último, aun lamentando dar noticias necrológicas, es obligado tributo hacerlo en recuerdo de una figura que los años, la pobreza y el olvido, fueron desdibujando hasta anularla totalmente.

Fué ésta María Cabezudo, poetisa y colaboradora de numerosas revistas literarias con Carolina Coronado, de quien era excelente amiga. Falleció en el Hospital civil en el mes de Junio, verificándose su modestísimo entierro sin apenas acompañamiento.

Y los años pasaron acumulando hechos y pequeños sucesos que si no dejaron huella profunda que los destaque tienen en cambio el amable encanto de hacer sentir a quienes hubimos de vivirlos la emoción íntima de las horas entrañables de la juventud.

LA VOZ DEL PASADO

(EL CASTILLO)

Confieso mi honda devoción por las cosas del pasado y no es raro, por tanto, que reitere una y otra vez mis paseos por el ayer; aquel ayer remoto del que sólo llega hasta nosotros sutil vibración en los ecos inmortales de la Historia.

¡Cuantas veces, empeñados en un tema halagador, vimos surgir otros, ofreciéndonos rico néctar de sabrosas cepas: oro rutilante de leyenda y el vislumbrar clarísimo de encantadoras perspectivas! Todo un mundo, en fin, hundido en el polvo de lo olvidado.

Los fríos días invernales parecen los más propicios para situarse en estos viejos lugares por el forzoso aislamietno a que obligan las desapacibles horas en las que apenas se observa algún que otro visitante, enfrentado igualmente con el cierzo y que, como nosotros, gusta saborear el encanto de estos sitios, los más evocadores de la ciudad.

Libros dilectos, plumas maestras, han buceado a través de lo hipotético; opiniones sustentadas con nobles afanes, que abrieron muchas veces nuestra inquietud a la posible verdad; la apasionante certeza de días luminosos y espléndidos de lo que fué poblada ciudad extendida en estos lugares del Castillo.

Un paseo por la Plaza Alta en propicio momento tranquilo, con acceso después a la Alcazaba, recorriendo su perímetro en diálogo mudo entre nuestro pensamiento y el alma del silencio, nos hace pensar en lejanos días en que aquellos sitios fueron núcleo famoso y activo.

Nos hemos asomado a una de las pétreas bandas de la muralla para admirar el horizonte que ante la vista se extiende, desde cuyo lugar pretéritas generaciones observaron iguales lejanías.

Frente a esta atalaya dominante, desde la que dejo espaciar la mirada, se destaca el Cerro de Orinace, en el que se observa la construcción del Fuerte de San Cristóbal, erigido sobre los restos del palacio que allí poseían los Duques de Orinace y que constituía punto inexpugnable, guarnecido durante mucho tiempo por la Milicia Urbana de Badajoz.

Entre dicho cerro y éste de la Muela, donde estamos situados, se desliza el Guadiana con mansa lentitud. Estos sitios, que ahora nos sirven de mirador, sobre los que se alza la Cruz de los Caídos, fueron en días lejanos animadísima población; y en estos momentos, la imaginación, siempre viajera, se escapa en vuelo de distancias, en alas del ensueño, como si una voz lejana nos llamara.

¡Divina voz del pasado, que, a quienes la invocan con devoción, regala el delicioso encanto de su confidencia! Voz sonora que trae en sus ecos el palpitar de las horas idas; historias y leyendas que se tejieron en el ámbito de este recinto del Castillo, que un día fué fértil población, protegida, según las bellísimas frases del amigo inolvidable que fué don Fernando Castón: «Con la serena traza de sus cortinas muradas, con los recios lineamientos de sus torreones y la gracia almenada de sus atalayas esbeltas».

Las lecturas referentes a las pasadas generaciones nos hablan elocuentes de lo que fueron estos ya transformados sitios y nos sumen en su propio encanto.

Deleitan nuestro espíritu las referencias que en uno de sus libros nos ofrenda el licenciado Pero Pérez, que con el también llorado maestro López Prudencio constituían los más agudos buceadores del pasado, a quienes el sortilegio de lo ido ponía en sus almas temblores de enamorados ante tanta belleza sospechada, como asimismo el insigne Covarsí y antes el cultísimo Jesús Rincón.

La actividad en el interior de la Alcazaba fué, evidentemente, extraordinaria. Al mismo tiempo debió constituir un vergel, pues allí poseían los árabes sus ricos alcázares, su palacio el Obispo y sus casonas los Mayorazgos. Todo parecía estar invadido de floridas huertas, espléndidos jardines exhuberantes y alamedas sombreadas en tal profusión y arte que semejaba un nuevo paraíso.

«Desde sus pasos de Ronda, nos dice Castón, escucharon los pasados siglos todo el tormento guerrero levantado, en sucesivas oleadas, por los emires califales, almoravides y almohades y gozaron jubilosamente en los días del esplendor de los aftásidas y oyeron estremecidos los espantados ayes de Almotavaquil, el último desventurado monarca de esta dinastía».

Bajo la muralla en que nos encontramos viendo el paisaje que se extiende frente a nosotros, se aduerme casi escondida, replegada sobre la roca de aquélla, la conocida Puerta de la Traición, cuyo origen parece ser del siglo XI, en época de los aftásidas.

Esta puerta fué durante mucho tiempo la principal de la ciudad. Frente a ella se hallaba el puente de barcas, único medio de enlace entre las dos orillas hasta la construcción del puente en 1511, dándose nueva puerta a la ciudad y clausurándose la antes citada, llamada de la Traición.

Se conocen dos versiones acerca del nombre con que es titulada dicha puerta. Una, porque se franqueó en el siglo XIV al Maestre de Avis, que había puesto cerco a la ciudad violando acuerdo que concertara con Enrique III de Castilla para apoderarse de ella; otra, la más vulgarizada, nos dice que Alfonso Enríquez, traicionando a su pariente

Fernando II de León y violando, igualmente, el pacto de vasallaje entre éste y los musulmanes de Badajoz, le puso sitio, pero viéndose perdido salió velozmente, intentando escapar por la referida puerta, con la mala fortuna de dar contra el cerrojo, cayendo al suelo con la pierna fracturada, quedando entonces prisionero del monarca leonés.

Cuando hemos dado una vuelta alrededor de estos lugares, que guardan tanta evocación, hemos sentido palpitar el eco de pretéritas horas: horas fastuosas que arrancaron de su escondida lejanía plumas dilectas y meritísimas que legan a quienes sentimos atracción por las veneradas reliquias del pasado su perfume nunca extinguido.

Lo que conocemos por el Castillo, es decir, desde Puerta de Carros hasta Trinidad, extenso perímetro como vemos, era en época lejana densa y amenísima población derramada por ambos lados de la muralla. Haciendo referencia a estos lugares, nos dice el licenciado Pero Pérez que allí existieron edificios de fuerte tradición local, dormida ya secularmente en aquella explanada.

Por el lado del Hospital Militar hasta Trinidad hallábase la iglesia del Salvador, la del Hospital de Santa Catalina, el Matadero viejo, la calle y Puerta del Alpendiz, la de la Atalaya, la de Mérida, del Olivito y Nueva de los hortelanos.

Este sector ha debido ser interesantísimo. En 1680, para construir la muralla de uno de los lados, se derribaron calles completas que quedaron sepultadas en estas obras y, naturalmente, allí duermen en el anónimo y para siempre períodos interesantísimos de la demografía pacense, probablemente la más viva y pintoresca.

El lado opuesto poseía varias iglesias y que, según creo, eran la de San Pedro, Santa María la Obispal, ermita de la Consolación de Nuestra Señora del Rosario y la de Santiago, que era también conocida por Nuestra Señora de las

Lágrimas, porque en ella se hallaba la Cofradía dedicada a esta devoción. El Palacio Episcopal estaba erigido al lado de Santa María.

Próximo a Puerta de Carros aun hemos llegado a conocer el Cementerio, algunas sepulturas, al menos, en el sitio donde debió existir la ermita del Rosario, en cuyo recinto, coros altos y bajos, se establecieron nichos y sepulturas.

Aún perviven esos casi derruidos muros, del que debió ser suntuoso palacio de los Duques de Feria. En él parecen aún resonar rumor de voces, ecos musicales de las fiestas allí celebradas. Horas fastuosas de cortejos deslumbrantes, de damas y caballeros en la pompa florida de sus vergeles de ensueño.

Pasear por estos sitios, que resisten heróicos las heridas de los siglos, es sentirse conmovido ante el sortilegio de esas piedras venerables, mudas y silenciosas al parecer, pero que poseen, aromadas de historia y remota lejanía, todo el encanto de aquel vivir.

Toda una sensación evocadora envuelve nuestra curiosidad, jamás satisfecha, imaginando cuál fué la vida interesantísima en aquellas horas en las que esta porción de terreno del Castillo tuvo luminoso esplendor.

Elegimos una de estas últimas tardes de invierno para contemplar desde las bandas de la pétrea muralla la frontera atalaya del Fuerte de San Cristóbal y sentimos que un soplo de melancolía nos invade. Diríase que pueblan el recinto de la Alcazaba sombras errantes que se obstinan en susurrar en nuestros oídos el milenario eco de sus vidas. Y como el de Boabdil, nos ha parecido escuchar en el frío vientecillo de la tarde, poblado todo el ámbito de la Alcazaba, el llanto sin consuelo del infeliz Almotavakil, último monarca de su lejana dinasiía.

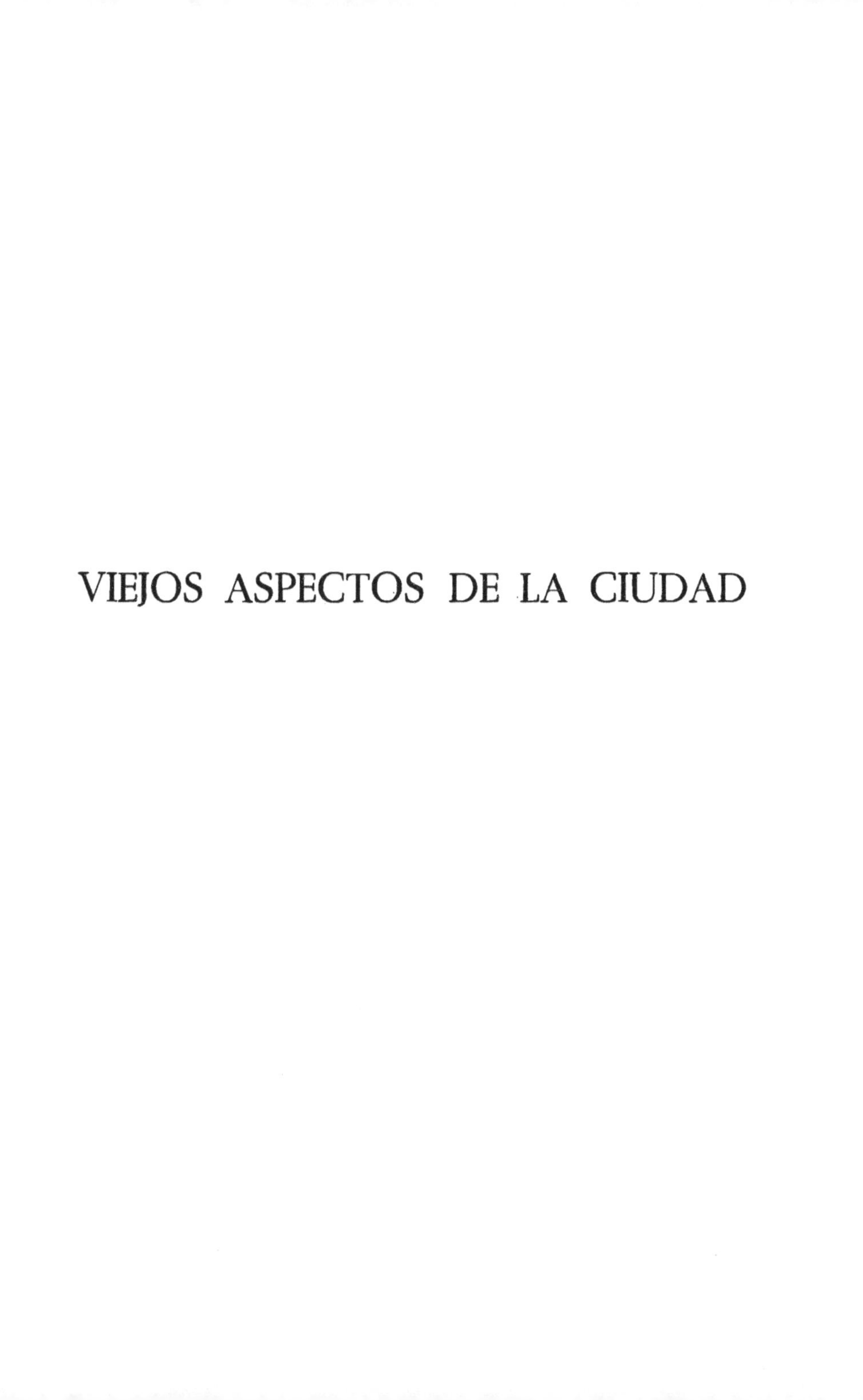

VIEJOS ASPECTOS DE LA CIUDAD

En la mayoría de las estampas que en mi devoción por el pasado he tenido el honor de ofrecer a los lectores de las mismas, he querido eludir la mención de cuanto en aquellos días era desagradable y hostil. Y había mucho en diferentes aspectos, sobre todo en las cuestiones de higiene, de las que quizá fuera mejor no decir nada.

Complace hasta cierto punto hacer referencia de ellas, pues es, en ese principalmente, en el que Badajoz ha logrado su más destacada conquista, y produce verdadera satisfacción a quienes queremos entrañablemente a nuestro pueblo afirmar que Badajoz es, por encima de todo, de sus notables excelencias, de su belleza bien reconocida por cuantos nos visitan y por su hidalguía, una ciudad limpia, absolutamente limpia, tanto en la pulcritud de su linaje como en las líneas físicas de su contorno.

Deseamos hablar en esta estampa de la ciudad de 30.000 almas, que se debatía entre indolencia y renunciaciones, tal como nosotros la recordamos: ciudad pacífica, aislada del mundanal ruido, que dejaba transcurrir sus días dulcemente adormecida bajo la sombra tutelar de sus torres y arrullada por el manso deslizar de su río.

Si la memoria de los que ya hubimos de ascender los últimos escalones de la etapa final no constituyera verdadero archivo de sucesos y curiosidades de otros días, aún están ahí, perennes y quietos en sus estantes, viejos papeles, que con la auténtica firmeza de lo vivido, nos dicen de manera indudable cómo se deslizó la vida de la ciudad en el transcurso del tiempo.

Hasta los días de la Dictadura, Badajoz era una población poco limpia, dicho sin la menor atenuante; montones de basuras aparecían frecuentemente en las esquinas, sin que nos atreviéramos a enfrentarnos con la solución de tales problemas. Millares y millares de moscas poblaban esos montones y no hay que acentuar el aspecto que con lo manifestado ofrecían muchas calles.

La Prensa reiteraba un día y otro la imperiosa necesidad de atender a esos asuntos higiénicos, pues se daba el caso que la fama de nuestra incuria había tenido trascendencia —exagerada desde luego—, pues no creo que sólo en Badajoz ocurrieran estas cosas. Lamentando este estado de opinión, un diario local decía lo siguiente:

«Ya no es sólo en los periódicos donde se habla con evidente exageración de las malas condiciones higiénicas de Badajoz. También en el Senado se ha dicho de nuestra capital que es la ciudad de la muerte.»

Efectivamente, la fama de nuestra falta de atención a estas cuestiones trascendía notablemente; parecía que una especie de fatalidad se cernía sobre la ciudad, que no afrontaba decididamente el acuciante problema.

No sólo eran culpables las autoridades, que se limitaban a imponer sanciones al vecindario infractor. El mal consistía preferentemente en el vecindario, culpable en la mayor parte de los casos de los aspectos de la población y del estado de incuria en que la mayor parte de la misma se encontraba, burlando toda vigilancia.

Aunque nos pese, hay que reconocer que aquello era detestable y basta recorrer la Prensa de algunas épocas para convencerse de ello. Y las consecuencias de estos abandonos, hoy que todo es tan distinto, hay que reconocer que era francamente lamentable.

¿Quién no recuerda aquellas trágicas procesiones de entierros infantiles, aumentadas cada día, en que mañana y tarde se sucedían los fúnebres cortejos calle de Moreno Nieto abajo con sus cajitas blancas portando al Cementerio aquella cantidad de infelices parvulitos?

Espanta hoy el recuerdo de aquel paso ascendente de féretros chiquitos que allí iban con inexorable periodicidad como algo fatal a que había que resignarse dolorosamente.

Badajoz ha dado un salto de titán. En pocos años se puso a la cabeza de los pueblos atentos a los más adelantados preceptos sanitarios y a la práctica de cuantas reglas contribuyen a su perfección. Ha cambiado totalmente el panorama, desapareciendo viejos aspectos que, en gran parte, influían en el estado lamentable de nuestra sanidad.

Una mañana tuvimos el acierto de impresionar una foto en la que aparece lo siguiente: Calle de Santa Ana... En ella, un barrendero municipal realizando el barrido de dicha calle. Ustedes recordarán la existencia de un despacho de churros establecido en el rinconcito del Convento de Santa Ana y lo que hoy es edificio de los Sindicatos.

Referido barrendero envolvía con el polvo de la calle, arrancado por su escoba, la anafre o sartén en que aparecía la masa dispuesta para la confección de los buñuelos.

Esta misma nube de polvo ocultaba el campanario de dicha casa de religión. Conservo esta fotografía, que es realmente curiosa, pues expresa con más exactitud estas referencias.

No poseo en cambio otra, probablemente extraviada entre la barahunda de mis papeles, tan expresiva como la mencionada, que tuve ocasión de captar desde uno de los ángulos de este sector. En el momento de impresionar la foto mencionada, una doméstica, desde un balcón, sacudía unas alfombrillas. Esto quizá no tuviera mayor importancia, pero lo que sí representaba gran peligro es que, bajo este balcón, hallábase instalado un despacho de leche que consistía en una mesita sobre la cual sostenía un baño de cinc o de lata, cubierto por un paño y algunas veces por tapadera de lata, igualmente, pero que sin embargo sobre él caía cuanto se desprendía de la alfombrilla...

Aquello era una muestra auténtica del gran peligro que ofrecían aspectos como el descrito, en que la salud del vecindario estaba a merced de estos abandonos y desatenciones por parte de quienes estaban obligados a atacar enérgica y duramente viejas y lamentables costumbres. A partir de aquella época, un poco lejana ya, Badajoz fué desenvolvièndose en afanes y anhelos de perfección en todos sus aspectos, y hoy, da verdadera satisfacción decirlo, es florón de pulcritud en todos sus aspectos. Tanto en el higiénico y sanitario como en el estético.

¿Quién no recuerda la costumbre de sacudir esteras y alfombras desde los balcones en cualquiera de las horas de la mañana, costumbre naturalmente prohibida y sancionada, pero burlada frecuentemente? ¡Qué ajenos estaban quienes se disponían a tomar el desayuno al ingerir la leche que le servían, expuesta una hora antes durante le sesión diaria de domésticas, bajo cualquier balcón o simplemente recogiendo las vasijas el polvo del barrido matinal!

Otro desagradable aspecto lo constituía la venta de pan en las calles, primero en serones descubiertos, expuesto al mismo peligro mencionado, o desde sus carritos, cuyas piezas eran manoseadas por compradoras de manos sucias que oprimían el pan fuertemente para comprobar su cocción o su tamaño.

No es grata ciertamente la relación de estas cosas que hablan de tantas deficiencias de nuestras costumbres, en las que hay que salvar las numerosas excepciones de la mayor parte del público consciente de sus deberes, pero todo ello, como al principio hemos dicho, hace resaltar el fuerte contraste entre el ayer y el actual.

La Prensa local publicaba frecuentes informaciones acerca de los malos olores que se desprendían del desagüe del alcantarillado cerca de los Molinos Caídos. Todos los que pertenecemos a la época en que se realizaban estos llamamientos de Prensa recordarán esto seguramente. Obra de romanos parecía por lo visto la de modificar o encauzar debidamente aquel desagüe sobre el río, hurtando a la población del peligro que aquello suponía.

Desde comienzos de siglo veníamos escuchando las mismas lamentaciones, relacionando el carácter endémico de muchas enfermedades con las deficiencias apuntadas.

Llegados a este punto, nos proporciona el recuerdo de aquellos días la satisfacción de evocar el nombre de don Ricardo Carapeto Zambrano, Alcalde entonces, al que se debe en gran parte la atención al grave problema, poniendo en tal empresa su decidida voluntad, su tesón y desprendimiento, ya que aquella obra de ampliación del referido colector hizo desaparecer aquella especie de laguna *pontina* estancada constantemente. Esta obra fué realizada a sus expensas y no se vió completada, como eran sus deseos, por cesar en su gestión al frente del excelentísimo Ayuntamiento.

No se limitó a ordenar simplemente la ejecución de la obra, sino que casi a diario asistía, muy de mañana, a presenciar la exactitud del trabajo, y me sirve de satisfacción manifestar que en más de una ocasión hube de acompañarle en estas visitas, admirándome su fuerza de voluntad, pues en su misión de fiel rector, cuidó que la obra tuviera la más perfecta ejecución.

Deseo no desaprovechar esta oportunidad, ya que el recuerdo de don Ricardo Carapeto acaba de surgir en estas referencias para hacer mención de una de las obras de gran importancia, iniciada por él desde su paso por la presidencia del excelentísimo Ayuntamiento, cual fué la construcción del grupo de casas baratas de la Avenida de Joaquín Costa. Muchas preocupaciones y no pocos disgustos proporcionó a don Ricardo Carapeto tal realización, de la que fueron enemigos los eternos imponderables, que siempre obstaculizan los propósitos mejores.

Pero la obra pervive a pesar de los pronósticos pesimistas de quienes deseaban verla abatida, y ella alberga felizmente a numerosas familias que allí viven satisfechas y contentas de sus pisos económicos.

Gracias a la iniciación de la obra que antes mencionamos, en el colector de desagüe desaparecieron los peligros inherentes dado su proximidad a la capital, con lo que se coadyuvó a la acertadísima labor de las autoridades sanitarias, que repetimos con orgullo, supera a cuanto de las mismas pudiera decir la voz profana e indocta del que se complace únicamente en destacar el contraste entre el ayer lejano y el momento actual, magnífico y alentador.

EL PASADO
(INDALECIO BLANCO)

En los días en que comienza esta estampa nos hallamos en la primera infancia del siglo actual, 1905.

Dos nombres resaltan en la actualidad pacense por su relevante personalidad: dos seminaristas jóvenes, hijos de Extremadura, que perfeccionaban sus estudios en el colegio de San José, de Roma.

Celebraban en Sevilla un Certamen con ocasión del aniversario de la definición dogmática de la Inmaculada, al que asistieron, entre numerosos concursantes, los mencionados seminaristas don José Sánchez-Solana y don Enrique Triviño Forte.

Los trabajos presentados por ambos señores fueron considerados por el Tribunal, obteniendo el primer premio, concedido por el Cardenal Arzobispo de Toledo, consistente en dos magníficos candelabros de plata, don José Sánchez-Solana por su *Memoria sobre la devoción de los monarcas españoles al Misterio Purísimo*, galardón que fué donado por el señor Sánchez-Solana al Seminario Conciliar. El premio que otorgaba S. A. R. la Infanta Isabel, consistente en valiosa escribanía de plata, encerrada en soberbio estuche, fué conquistado por el señor Triviño Forte por su trabajo titulado *Oportunidad de la definición dogmática de la Inmaculada Con-*

cepción en el siglo XIX, premio que el referido señor Triviño donó a S. I. el Obispo de Badajoz, don Félix Soto Mancera.

El Ateneo, nervio y aliento con la Real Sociedad Económica de Amigos del País de la cultura extremeña, honró sus salones muchas veces prestando su colaboración, entusiasmo y mecenazgo a los valores nuevos, florecidos en el campo literario.

Una de las veladas invernales ofreció al público que asistía devotamente a las sesiones, un recital de poesías de Indalecio Blanco, que escucharon con gran atención, aplaudiéndose fuertemente los bellos versos del malogrado poeta.

Muchos de los lectores de estas páginas, al menos los de mi época, recordarán a don Indalecio Blanco, conocidísimo y reputado Médico que tuvo justa fama hace años.

Uno de sus hijos, que llevaba el mismo nombre, fué de aquella generación prometedora, en lides literarias, poeta inspirado en las más puras fuentes de la lírica.

Indalecio Blanco, como su padre, siguió en sus estudios iguales huellas. Terminada su carrera ingresó en el Ejército, consiguiendo una plaza de Médico militar, siendo destinado a Africa, donde se inició la enfermedad que le arrebataría brevemente de entre los suyos.

Su labor poética quedó diluída en colaboraciones en los periódicos y revistas, pues no recuerdo se editara ningún libro que recogiera sus poesías.

En memoria del pobre y romántico Indalecio Blanco, espíritu delicado, casi místico, reproduzco uno de los sonetos recitados aquella tarde: acusa el tema de la muerte que parecía llamarle insinuante desde lejanas orillas.

El fin era en el poeta constante preocupación, creciendo a medida que su salud, fuertemente resentida, le hacía pensar en preparar su alma para el ingente salto al infinito.

SONETO

Como todo mortal, me he detenido
meditando en el fin de mi existencia.
Yo la miro sin miedo ni impaciencia,
ni jamás le pedí, ni la he temido.

Aunque sé que detrás viene el olvido,
yo la miro con fría indiferencia
si cuando muera siento en la conciencia
la dulce dicha del deber cumplido.

Miro a la muerte con horror inmenso
alguna vez que, afligido, pienso
la triste soledad del Campo Santo.

Pero la aguardo con impasible calma
si hay quien riegue mi tumba con su llanto
y quien pida la paz para mi alma.

En los recuerdos de otros días quedan impresas muchas huellas que no se olvidan; tal es el tedio de la ciudad en calma en los días del verano, especialmente en hora de siesta, en la que todo aparecía quieto, en silencio, ciudad dormida, en la que la música de algún manubrio estacionado en cualquier lugar de la población era lo único que rompía el silencio.

Realmente, eran inoportunos los *divos* de los manubrios, cuya reiteración melódica hacíase insoportable, especialmente en las horas primas de la tarde.

El público se quejaba justamente del abuso y la Prensa censuraba el exceso de pianos en las calles, que no dejaban en paz a los vecinos de los sectores donde hacían estación, en algunos de los cuales parece ser que obtenían copiosos rendimientos. En un periódico apareció un día una información suscrita por varios señores, padres de alumnos de un colegio instalado en la calle San Pedro Alcántara, manifestando la perturbación que las constantes actuaciones de los del manubrio producían en las horas de clase. Era natural, pues los alumnos se distraían más con la canción del vagamundo de *Alma de Dios*, que con los textos del colegio.

Pero los pianos callejeros siguieron celebrando sus conciertos y ahora confieso a ustedes que los ecos de los mismos prestaban una nota alegre y retozona que a todos agradaba, en tanto no hicieran pesadas las actuaciones sus distinguidos intérpretes: aquellos golfos de achulapado continente, tufos descuidados o, por el contrario, absurdamente engomados sobre las sienes, gorrilla ladeada, pantalón abotinado, entallada la americana, blanco pañuelo de seda anudado al cuello y en la comisura de los labios el cigarrillo, con que se completaba la estampa castiza y repulsiva de los personajes del hampa.

Los que llegamos a ver, dominando las tapias del Matadero, la esbelta palmera de la Huerta de Tovar, recordamos el mal propósito, al fin realizado, de trasladarla al recién creado Parque de Castelar. Mucha gente experta anticipó el peligro que suponía para la viejísima palmera su trasplante a distinto lugar. Se verificó efectivamente el arranque y conducción, situándola en el centro del paseo, pero como se pronosticó, su vida fué muy efímera. Muchos recordarán que hubo que abatirla y su cadáver estuvo mucho tiempo obstaculizando el paso, hasta que al cabo del tiempo el hacha consumó definitivamente su destrucción.

Me complace traer a estas estampas nombres de preclaras figuras, que destacaron su personalidad en cualquiera de los ámbitos sociales de nuestro pueblo. En este año, 1905, por fallecimiento del Obispo que regía la Diócesis, fué designado para sustituirlo al ilustre extremeño, natural de Zafra, don Félix Soto Mancera, que llegaba a tan difícil cargo sahumado de méritos y virtudes.

Su entrada en Badajoz, verificada el 28 de Marzo, fué verdaderamente triunfal. En la estación aguardaban al Prelado las autoridades locales y puede decirse, sin incurrir en exageración, que la población entera hallábase aglomerada entre la estación y el Puente de Palmas.

En el carruaje del Conde de Torrefresno tomaron asiènto, acompañando a su ilustrísima, los Gobernadores civil y militar y Alcalde de la ciudad, organizándose la comitiva en numerosos coches que siguieron al que conducía al Prelado. Todo el trayecto, hasta llegar a palacio, hubo de hacerlo el nuevo Obispo descubierto ante las aclamaciones del público.

La llegada a la Plaza de Alfonso XII, antiguo Campo de la Cruz, fué acogida con grandes aplausos. Todas las casas lucían colgaduras en los balcones y era dificilísimo el tráfico, dada la aglomeración de público que aguardaba al señor Obispo, quien se mostraba fuertemente emocionado ante tan espontáneo recibimiento.

Llegado a palacio hubo de asomarse a uno de los balcones, reproduciéndose el entusiasmo de la multitud... Al retirarse dió un viva a los pobres de Badajoz.

Durante los años de su gobierno pastoral, el acierto y la bondad del virtuoso Prelado extremeño conquistaron el cariño devoto y sincero de los pacense.

El ilustre y caritativo Obispo, señor Soto Mancera, falleció en el año 1910 y se halla sepultado en la capilla colateral a la dedicada a la Santísima Virgen de Fátima.

También el año a que estamos haciendo referencia tuvo para las letras dolorosas efemérides con la muerte de Gabriel y Galán, el excelso poeta, autor de poesías tan admirables como *El ama*, *El embargo*, *Noche fecunda*, etc., etc.

Honda y sincera pena produjo en todos los medios de la población la muerte del inspirado vate. El Ateneo honró su memoria celebrando durante la noche del 24 de Febrero una velada literaria en que se leyeron sentidos versos, originales de Díaz Macías, Monterrey, Zapata, Antonio Arqueros y Marcelino Bravo, recitándose poesías del poeta fallecido por don Antonio Chorot, el señor Mifsút Zapata, Arqueros y Paco Viu.

La velada, que resultó interesantísima, fué amenizada por el sexteto dirigido por don Godofredo Meléndez, cuyos componentes eran los maestros Giménez y Tejado, concertinos; Antonio Gómez, flauta; Paco Arqueros y Pepe Cerezo, violines, y Gonzalo Correa, violoncello.

Una de las poesías leídas en la citada velada fué la que lleva por título *El embargo*, en la que vibra un hondo sentido emocional al que no es posible sustraerse, pues en ella aflora el dolor inmenso del hombre rudo en cuya alma laten hondos y firmes acentos sentimentales.

EL EMBARGO

Señol jues, pase usté más alante
y que entrin tos esos.
No le dé a usté ansias,
no le dé a usté mieo...
Si venís antiyel a aflijila
sos tumbo a la puerta, ¡pero ya sa muerto!
Embargal, embargal los avíos,
que aquí no hay dinero.

Lo he gastao en comía pa ella
y en boticas que no le sirvieron,
y eso que me quea,
porque no me dió tiempo a vendelo,
ya me está sobrando,
ya me está jediendo.

Embargal, embargal ese sacho de pico
y esas jocis clavás en el techo
y esa segureja
y esi cacho e liendro...
Jerramientas que no quedi una.
¡Yo pa qué las quiero!

Si tuvía que ganalo pa ella,
¡cualisquié me quitaba a mí eso!,
pero ya no quieo vel esi sacho
ni esas jocis clavás en el techo,
ni esa segureja
ni esi cacho e liendro...

Pero a vel, señol jues, cuidaito
si alguno de esos
es osao de tocali a esa cama
onde ella sa muerto;
la camita onde yo la he querío
¡cuando dambos estábamos güenos!;
la camita onde yo la he cuidao;
¡la camita onde estuvo su cuerpo
cuatro mesis vivo
y una noche muerto!

¡Señol jues, que ninguno sea osao
de tocali a esa cama ni un pelo
porque aquí lo jinco
delante usté mesmo!
Llevaisoslo todo,
todo menos eso,
que esas mantas tienen suol de su cuerpo...
y me güelin, me güelin a ella
ca vez que las huelo.

En la parte alegre y sugestiva y españolísima (las corridas de toros) hubo durante aquel mes varios festejos que se iniciaron en la tarde de San Juan, en la que la Unión Comercial organizo una corrida de toros, adquiriendo seis reses de Trespalacios, en la que contendieron dos matadores de primera fila. Antonio Fuentes y *Chicuelo*, padre del ya retirado Manuel Jiménez.

En Agosto, en las fiestas tradicionales, con toros de Albarrán y Miura, alternaron *Algabeño* y *Machaquito*, con el aditamento en la segunda de Tomás Alarcón *Mazzantinito*, bravo torero madrileño que gozaba en Badajoz de muchas simpatías. Como final, durante la tarde del 8 de Septiembre, toreó María Salomé *la Reverte* y *el Carbonero*.

La Reverte era una matrona obesa y recia que andaba a porrazos con los novillos. Esta torera finalizó sus días ejerciendo de guarda en una finca sevillana vistiendo el traje masculino.

VIDA DE AYER

INAUGURACIÓN DE LAS FUENTES PÚBLICAS

Al iniciarse la década final del siglo pasado, comenzaban a dar la cara en tímidos atisbos muchos descubrimientos que si entonces produjeron curiosidad, hoy nos asombran. Eran, entonces, la electricidad, verdadera revolucionaria, y la locomoción aérea, aún en sus trazos embrionarios.

En la vida local hubo en aquellos días a que hago referencia generosa sacudida patriótica con motivo de la guerra de Cuba y Filipinas y la marcha a las Antillas de los regimientos que guarnecían la plaza: Castilla y Baleares. Horas inolvidables aquellas para cuantos hubimos de presenciar el paso de los soldados por las calles de Badajoz. Vivas, abrazos patrióticos, gritos, pasión y ardor en todos aquellos centenares de hombres jóvenes que, al marchar, mostraban serena conformidad porque sabían que la partida a lejanas tierras no era una aventura sin importancia.

Por aquellos días pudimos oír por primera vez el fonógrafo, aquel primitivo fonógrafo descubierto por Edison; todo Badajoz pudo escucharlo.

Don José Gómez Tejedor, conocidísimo industrial propietario del café Europa, que él transformó en La Estrella, cuyo local hallábase establecido en la esquina de Zurbarán y San Juan, adquirió el primer fonógrafo que llegó a nuestra ciudad.

Ya lo dijo un anuncio inserto en el *Nuevo Diario*, manifestando que para la manipulación del referido aparato llegaría el competente profesor don Juan Avelino Montero. Recuerdo perfectamente aquel primitivo fonógrafo, del que pendían unos auriculares por los que escuchábamos las obras impresionadas.

La audición costaba diez céntimos. Superó a este aparato la presentación del primer gramófono, cuatro o seis años más tarde. El antes referido periódico local anunciaba así la llegada del señor Calderón con su fonógrafo de Edison, advirtiendo que poseía un verdadero repertorio. Decía así el texto de dicho anuncio:

«Para mayor comodidad de los que deseando dar a conocer a sus familiares el gramófono y quieran evitarles la molestia de salir de casa, dicho señor tiene establecido un servicio especial pasando a domicilio con los aparatos para dar audiciones a los familiares a las horas que se le indiquen. El señor Calderón se hospeda en la calle Muñoz Torrero, 8.»

Y efectivamente, de acuerdo con este anuncio, muchas familias pasaban aviso al citado señor Calderón, quien hacía transportar sus aparatos al domicilio de los solicitantes, quienes a su vez invitaban a sus amistades a fin de que éstas disfrutaran de la audición del gramófono; aquellos aparatos de gran bocina, estridentes y molestos, pero que, como iniciación del progreso, en tal aspecto, llamaban justamente la atención de quienes los escuchaban.

Y así conocimos los pacenses los primeros sonidos del ya vetusto gramophone, que algún tiempo después, algo más perfeccionado, martirizaba los oídos del vecindario con sus ecos metálicos, sus discos arañados por el abuso de agujas apuradas con exceso, pero gracias al cual pudimos escuchar, intercaladas entre el cante flamenco, trozos de arias con las voces de María Galvany, María Barrientos, Regina Paccini, Titta Rufo, Anselmi, Caruso y otros divos de entonces. El descubrimiento de la fonografía llegó lamentablemente poco después de la muerte de Gayarre, por lo que la posteridad no podrá nunca sospechar la belleza de aquella voz celestial, ni tampoco la de aquellos colosos que se llamaron Stagno y Tamagno, cuyos ecos, según los dilectantes de entonces, a quienes escuché estas informaciones, no parecían de este mundo por la pureza de sus acentos.

Dígase lo que se quiera en menoscabo del gramófono, gracias a él pudo ofrecerse el arte lírico a todos cuantos sienten despiertas estas aficiones y carecen de medios y centros donde cultivarlas y admirarlas. El fonógrafo, el cine y la radio en conjunción perfecta, han contribuído a desarrollar una cultura musical aun en gentes que no parecían capacitadas para estas bellezas.

Yo recuerdo, después de la proyección de aquella bella película titulada «Vuelan mis canciones», que mucha gente tarareaba la serenata de Schubert y a partir de entonces muchas inspiradas notas se hicieron populares. Esto mismo ha ocurrido con otras interpretaciones del gramófono de aquellos días, que vulgarizó, hasta donde ellos pueden hacerse vulgares, trozos bellísimos de arias inmortales.

Era frecuente en aquellos días la visita a Badajoz de buenas compañías ecuestres que ofrecían diversos trabajos interesantes. Badajoz tuvo siempre gran afición a los espectáculos circenses y quizá por un sentido emulativo de los muchachos, hubo entonces notables aficionados locales, muchos de los cuales igualaban en destreza y agilidad a muchas de las eminencias que en ese arte actuaban en Badajoz.

Entre los números que aparecían en las compañías circenses figuraba en alguna ocasión la elevación de un globo. Entonces los circos se instalaban en la Plaza de San Vicente, hoy Parque de Castelar, o en la Plaza de Toros.

El número fuerte era la ascensión del globo de gran tamaño, que producía en la gente gran animación. Una de las mencionadas compañías anunciaba la ascensión del intrépido capitán Garbi. Era el último número del programa, pues el público abandonaba el circo tan pronto se elevaba el globo para situarse fuera de puertas o sobre las murallas para otear el espacio y presenciar el descenso.

Del globo, que era alimentado por gas, pendía una plataforma sujeta con fuerte cordaje, sobre la que se situaba el aeronauta. Los muchachos nos entusiasmábamos viendo cómo aquel aparato iba ensanchando su volumen hasta quedar en condiciones de surcar los aires.

Y en esos momentos, el intrépido capitán Garbi, con su atuendo marinero, ordenaba soltar amarras y el globo ascendía lentamente hasta aparecer en el horizonte como un puntito que horadaba el celaje mientras el tripulante agitaba la gorrilla a modo de saludo...

Como antes decía, éste era el número final de la tarde circense. Cuando el globo perdía gas veíasele descender entre los rastrojos de alguna finca de los alrededores, siendo recogido más tarde por un carro que lo transportaba al lugar de su emplazamiento en el circo.

Por aquellos días, 1894, se daba fin a la construcción del puente de Gévora, cuyos trabajos eran presenciados por mucho público los domingos y días festivos en largo paseo hasta las orillas del Gévora, viendo cómo cada semana prosperaban las obras.

La inauguración del hermoso puente fué muy celebrada, pues constituía una sentida necesidad dada la situación de inseguridad del antiguo. ¡Cuántos miles de vehículos, carros especialmente, desfilaron durante años y siglos por la vieja calzada, testigo del paso de alegres romeros a la campiña de Bótoa!

Años muy anteriores a los por mí vividos, se inauguró la primera fuente pública en Badajoz, hecho ocurrido en 1880 y que entonces llenó una necesidad imperiosa en la población. Dicha fuente se colocó en el Campo de la Cruz y su emplazamiento era el espacio que hoy ocupa el jardín actual, en el que destacan dos esbeltos cedros.

La inauguración fué realmente emocionante en aquellos momentos, según nos dicen viejas crónicas, y en honor al hecho, voltearon las campanas de la torre, festejando el trascendental servicio que se implantaba y del cual se serviría la ingente cantidad de vecinos de aquellos sectores. El momento de la inauguración coincidió con la feria de Agosto y, por tanto, este hecho constituyó uno de los números más importantes del programa de feria.

Constaba la referida fuente de cuatro pilas de granito sobre las que vertía el ancho chorro de la fuente (con sus correspondientes grifos). Al acto de dar suelta a los grifos asistieron todas las autoridades y numerosos invitados, tanto oficiales como particulares, además de numerosísimo público.

Comenzaron a funcionar los grifos, vertiendo su clarísimo chorro de agua, a las seis y media de la tarde, con lo que quedaba inaugurado este servicio; para festejarlo, aquella noche fueron iluminados los edificios públicos y particulares, que se sumaban a la satisfacción de la ciudad.

Asistieron igualmente las bandas de musica ofreciendo animado concierto, que duró hasta las once de la noche.

Recuerdo algunas de las fuentes que, a partir de entonces, se instalaron, beneficiando extraordinariamente al vecindario de los sectores en que las situaron.

Fueron, aparte de alguna omisión involuntaria, en la Plaza Alta, esquina del Rastro, San Francisco, San Andrés, Trinidad, esquina de Zurbarán y Martín Cansado, San Agustín, antigua plazoleta del Correo, junto al convento de Santa Ana; otra, al final de Concepción Baja, y la que se hallaba frente al Palacio de Godoy.

Para la generación nueva, estas referencias acaso no le ofrezcan interés por su simplicidad; simplicidad, no obstante, aparente, porque hasta 1880, en que los grifos de la primera fuente instalada en Badajoz facilitaron la adquisición de agua potable, la provisión de agua había que hacerla bien del Guadiana, de las Ranas, Cuadrejones y otras conocidas, no siempre con absoluta garantía de pureza.

En aquellos días el oficio de aguador era muy corriente y había buen número de familias dedicadas a transportar agua a las casas. Me parece recordar que la carga, como era designada la cantidad de agua distribuída en cuatro cántaros de lata o de barro, costaba un real, y que esta tarea de conducir agua a los domicilios constituía una profesión, un medio habitual de vida, lo demuestra que una de las antiguas calles de Badajoz se llamó de Aguadores, seguramente por tener en ella su vivienda numerosas personas dedicadas a tal menester.

Por estas manifestaciones deducirán los jóvenes lectores la importante evolución obrada en Badajoz, superada a partir del 900.

A quienes hubimos de vivir aquellos días produce verdadero asombro recordar el desenvolvimiento perezoso y lentísimo del Badajoz de nuestra niñez, contrastando con la actualidad risueña, práctica y ambiciosa de estas horas prometedoras en las que se gesta ese próximo futuro que hará de Badajoz la ciudad soñada, exhuberante y fecunda.

LAS PRIMERAS BICICLETAS
EL PRIMER CINEMATOGRAFO

Nosotros las vimos, titubeantes, por las calles de la ciudad. Hoy nos imaginamos cuál sería la tortura para aquellos incipientes ciclistas rodando por las empedradas rúas de piso horrible, llenas de baches, sobre las cuales debían padecer no sólo las máquinas, sino el cuerpo de los ilusionados ciclistas.

Cabe al año 1897, la feliz presencia en Badajoz de dos avances del progreso, ambos de gran trascendencia. La aparición de las primeras bicicletas y casi simultáneamente la proyección de las películas. Las bicicletas llegaron tímidamente, casi un poco avergonzadas, ya que desde el primer momento fueron recibidas sin la menor simpatía, al menos por las autoridades municipales, que previeron peligros infinitos por atropellos.

Hay que reconocer que los señores que entonces regían los destinos municipales, fueron verdaderos videntes, pues sospecharon que aquellas máquinas silenciosas que se deslizaban por las calles, podían constituir una amenaza para los transeúntes.

Como confirmación de estos temores, sustentados por los munícipes, hubo un día en la calle Zurbarán un pequeño accidente, al ser atropellado por una bicicleta un niño que allí se encontraba jugando, sin que las lesiones padecidas tuvieran importancia. Pero el hecho, motivó la determinación por parte del Alcalde, señor Hidalgo, de suprimir el rodaje de las bicicletas por las calles de la población y por tanto, los aficionados, que entonces eran en muy escaso número, hubieron de ejercer su afición en los glacis o en las carreteras, cuyo piso en su mayoría era deficientísimo.

¡Quién habría de sospechar entonces el auge del ciclismo actual, verdaderamente extraordinario!

Acaso los peligros que entonces presintieron nuestros antepasados no alcanzarían el grado a que en este aspecto hemos llegado, sin que para regular el vértigo—al menos en el interior de las poblaciones—basten las ordenanzas que se dictan con tal motivo, las que por lo visto son letra muerta para gran número de ciclistas.

A partir de aquellos días, la afición al ciclismo fué desarrollándose con verdadero entusiasmo y hubo por cierto muy buenos aficionados con gran competencia. Nosotros recordamos hace aún pocos años, a dos viejos ciclistas que a pesar de su casi longevidad, montaban agilmente en sus máquinas con el mismo aire que en sus años mozos. Eran aquellos señores, si la memoria no nos es infiel, el señor Bonet y el señor Mora, que últimamente estuvo empleado en las oficinas de Turismo.

En aquellos días de la primera decena de este siglo, el ciclismo tuvo grandes adeptos, celebrándose numerosos Velousells en la Plaza de Toros, en que legiones de muchachos, ataviados con el característico atuendo ciclista, corrían alrededor del circo procurando extraer del aparato en que se hallaban las cintas, con el puntero de madera, el mayor número de ellas, hecho que obedecía a casual acierto y que luego ostentaban colgadas de sus cuellos. La Banda de Honor, al ser lograda, la portaba su ganador orgullosamente ceñida a modo de banderola, que en el desfile por las calles y Campo de San Juan, producían la admiración de los amigos y público en general.

Una de las fiestas a que me refiero, tuvo lugar durante la feria de 1914, en la que corrieron conocidos muchachos de la localidad: Gabriel Bejarano, M. Rodríguez, Carlos Elías, Pepe García, Luis Rey, Pepe Valero, Agustín Fernández, Manolo Alonso, Isidoro Pascual, Gregorio Ahillón, Abilio Carballo, Pepe Cienfuegos y Felipe Mateos.

Por cierto, que hubo un incidente entre Abilio Carballo y Pepe Valero, pues ambos pretendían ser los vencedores de la carrera por haber llegado los últimos a la meta—ya que la carrera era de lentitud—y como pudo comprobarse que el legítimo ganador era Valero, a ese fué concedido el premio.

Otra brillante fiesta ciclista, allá por el año 17, en la que corrieron Juan Villarreal, Francisco López, Julio y Pepe García Coll, Rafael Fernández, Carlos Elías, Ramón Zoido, Demetrio Lancho, Felipe Marcos, Agustín García Núñez, Antonio Torrejoncillo, Sabas Castrillo, Heliodoro Núñez, Agustín Frades, José Camacho y Eladio Gamero.

Las cintas eran regaladas por las señoritas, a quienes se invitaba a este propósito; unas, primorosamente bordadas, pintadas al óleo otras, con bonitos paisajes y, en resumen, todas confeccionadas con el mayor gusto, muchas de las cuales quizá duerman su sueño de olvido en el rincón de un mueble familiar, que alguna vez, en esa rebusca de cosas antiguas, traen a la memoria las horas de una tarde feliz de sol y alegría.

Si eres de los antiguos, amigo lector, recordarás la cantidad de canciones que poblaron todas las ciudades con temas ciclistas.

Hubo una de aquellas murgas gaditanas que cantaba un tanguillo, cuya letra creo que era esta:

«Yo tenía una bicicleta, que costó dos mil pesetas y corría más que el tren». Seguía a esta letrilla otro engendro poético que estuvo en las gargantas de todos los muchachos de entonces.

Todos estos recuerdos se asocian con los días de la llegada a Badajoz de los repatriados de la guerra de Cuba y no es posible olvidar aquellos espectros, pues no otra cosa parecían la mayor parte de los soldados que se reintegraban a la Patria como convalecientes o definitivamente enfermos.

A beneficio de ellos fueron organizadas numerosas fiestas, en las que se procuró alcanzar el mejor triunfo económico para socorrerlos. Entre los infinitos espectáculos celebrados con tal propósito, tuvo lugar en la tarde del 25 de Septiembre una gran corrida de toros. Fiesta grande, en la que alternó la pareja entonces de moda, máximo cartel de verdadera atracción: *Machaquito* y *Lagartijo*, que además no rehusaron torear seis catedrales de Palha, ganado para valientes, como eran ambos toreros cordobeses.

Hubo lleno total, y por tanto, la recaudación fué excelente, incrementando lo recaudado en otros espectáculos.

En este año de 1897, conocimos por primera vez el Cinematógrafo. A primeros de Enero, la Prensa local publicó un anuncio concebido en los siguientes términos:

«Se encuentra en esta capital el célebre ilusionista señor Posadas. Además de sus trabajos, este señor presentará por primera vez el Cinematógrafo, o sea, fotografías animadas por la proyección de un arco voltáico».

Esta era la noticia escueta de la llegada a Badajoz de aquel universal descubrimiento.

Nadie podía sospechar que aquellas oscilantes pantallas y las ingenuas películas absurdas y monótonas de los primeros momentos de cine, llegarían a convertirse en la maravilla actual.

La noche del domingo 17 de Enero de 1897, marca una efeméride en cuanto a la proyección de cine en Badajoz.

El señor Posadas, a quien se refería la noticia copiada, presentó el primer programa de cine que se vió en Badajoz y que por constituir una cosa en extremo curiosa, me permito citar los títulos de las películas que se rodaron ante el numeroso público que aquella noche asistió al Teatro López de Ayala:

1.° «Danza serpentina», en color.
2.° «Partida de automóviles».
3.° «Sección de equitación».
4.° «Duelo de damas», en color.
5.° «El ferrocarril».
6.° «El trasatlántico *Normandie*».
7.° «Los sudareses», baño.
8.° «Baile japonés», primera y segunda parte.
9.° «Entrada de SS. MM. el Zar y la Zarina en París», y
10. «Los cisnes».

El precio de la butaca fué de 1'50 pesetas.

Los comentarios y juicios del público fueron de verdadero asombro y para constancia exacta de la inauguración del Cinematógrafo en Badajoz, copiamos de un diario local, el siguiente comentario:

«La función celebrada anoche en el espacioso coliseo de la Plaza de Minayo, verificóse ante gran concurrencia, hallándose ocupadas casi todas las localidades.

Durante la primera y segunda parte del espectáculo, el señor Posadas ejecutó preciosos trabajos de prestidigitación que fueron muy celebrados, pero lo que verdaderamente llamó la atención al público fué el Cinematógrafo, sorprendente y maravilloso prodigio de las ciencias modernas, ante el cual el espectador cree asistir a una escena de la vida real. Tal es la precisión y verdad en los cuadros.»

Efectivamente, la llegada del Cinematógrafo produjo el

efecto que es presumible ante tan brillante descubrimiento y durante la breve estancia en Badajoz del señor Posadas, se vió el Teatro asistido de buen número de espectadores.

Pasado unos meses, comenzó a instalarse en la Plaza de Minayo, frente al Seminario antiguo, un barracón titulado Cinematógrafo Lumiére, del que era dueño don Antonio del Valle.

Era aquella la primera infancia del cine, que vista a través del medio siglo y pico que desde entonces ha transcurrido, lo recordamos con verdadero cariño y admiración sentida para los genios que fueron los hermanos Lumiére, a quienes debemos tan portentoso descubrimiento.

Tuvo lugar la apertura del Cinematógrafo Lumiére la noche del 2 de Septiembre de 1898, y como dato también curioso, copiamos los títulos de las primeras películas proyectadas en dicho pabellón y los comentarios de la crítica que eran los siguientes:

1.º «Llegada de un tren a San Sebastián».
2.º «Desfile de ingenieros en Madrid».
3.º «Tropas saltando un muro».
4.º «Un carnaval en París».
5.º «Una procesión en Lourdes».
6.º «Jugadores de cartas, regados».
7.º «Desfile de una tribu de negros».
8.º «Corrida de toros en Sevilla».
9.º «Baño de Diana en Milán».
10. «Mr. Watry, con su sombrero de transformista».
11. «Batalla de nieve», y
12. «Riña entre cuatro mujeres».

El comentario fué el siguiente:

«Asistimos anoche a la apertura del Cinematógrafo Lumiére, que existe en la Plaza de Minayo, y quedamos asombrados ante los maravillosos progresos de la ciencia. El espectáculo no puede ser más culto y agradable, haciendo pasar su contemplación un rato delicioso.»

La gente acudía curiosa, llena de interés, a este amanecer de la cinematografía, gozando y riendo ante aquellas primeras películas, en las que sólo veíamos vertiginosas carreras emprendidas por aquellos incipientes actores, cuya única misión era esa: correr tras un fugitivo atravesando calles y plazas, subiendo a los pisos, derribando tabiques, con rotura de muebles, vajillas, etc.

Todo esto lo salpicaba con gracejo especial un muchacho madrileño, llamado Atanasio Núñez, simpático y ocurrente, al que el público bautizó con el apodo de *el Charla* o *el Rubio*, empleado en el Pabellón Lumiére, que matizaba con animados diálogos, en los que era único personaje, siguiendo los incidentes de las películas. Era aquél, infatigable locutor, repentista, sin guión ni cuartillas, que hacía destacar su viva imaginación con improvisaciones que producían general regocijo en el público. Pasados los años, *el Charla* o *el Rubio*, como por ambos sobrenombres era conocido, fijó su residencia en Badajoz, creando una familia: la suerte no le fué muy propicia en el desenvolvimiento de su vida. Lo recuerdo en sus años finales ejerciendo el modesto cargo de sereno particular.

La empresa que explotaba el Teatro López de Ayala ofrecía un espectáculo circense, e intercalado en él, proyectaba varias películas del corte de las ya mencionadas. Como el precio de las localidades en el Pabellón Lumiére era más asequible para el público, la del Teatro organizó gratuitamente varias sesiones al aire libre, con el fin de contrarrestar la competencia que aquél le hacía.

Nosotros recordamos la invasión de gente en la Plaza de Minayo presenciando aquel espectáculo gratuito, pero a pesar de esto, triunfó la empresa de Cinematógrafo Lumiére, porque realmente el precio de la localidad era bastante módico y el público se hallaba a gusto dentro de aquel pabellón, con asientos de madera y adornado de cretona. Todo esto es, para quienes allí pasamos horas de la niñez, un grato recuerdo de aquellos primeros días del cine, tan lejanos, que coincidiendo con la apertura del pabellón, veíamos absortos a muchos soldados repatriados de la guerra de Cuba con sus destrozados uniformes de rayadillo, sus amplios sombreros de paja, envueltos en mantas y marcados en los rostros las huellas aniquiladoras de la fiebre.

El pasado, amigo lector, nos envuelve entre sus brazos y muchas veces, cuando el pensamiento nos lleva por rutas de lo retrospectivo, consideramos que la voz de lo extinto, de todo lo que fué, vuelve un instante a nuestros oídos como una música lejana, suave y arrulladora.

FORJADORES

(DON JOSE DONCEL Y ORDAZ
Y DON EMILIO MACÍAS)

Los hombres que al llegar a la cúspide de la existencia sienten por unos momentos el impulso de retornar la mirada oteando el camino recorrido, han de asombrarse, por fuerza, por todo cuanto en el largo proceso de su vida lograron observar en tantas décadas consumidas.

¡Cuántos nombres, cuántos personajes desfilaron ante nuestros ojos en esas dilatadas jornadas!

Unos, pasaron inadvertidos por falta de personalidad, ya que nada realizaron que les hiciera sobresalir de entre la masa anónima; otros, por propio deseo, por ese íntimo recato que es en realidad el distintivo de las almas grandes y generosas, que a todo trance aspiran a deslizarse suavemente por la vida, tímidos y sencillos, sembradores no obstante de colmadas grandezas, silenciadas siempre, pero que a pesar de su empeño en obscurecerlas con el vaho de su modestia, resaltan y se elevan cimeras y altivas.

Vimos también al numeroso grupo de los soberbios y envanecidos, los vácuos y necios sin brillo ni esplendor, ciegos de inteligencia, que gritaron mucho, ostentaron más, pero que en resumen, hasta el eco de sus voces se perdió en el vacío y en lo definitivamente muerto.

No es de estos, sin embargo, de quienes deseo referirme, ya que de sus hechos no queda la menor estela digna de ser citada. Háganlo quienes posean reconocida superioridad analítica, ya que quien os habla, vive feliz en su respeto para todos, aunque reconozca que muchos nombres no merecen la pena de ser evocados, pues en realidad, están mejor en el hondo silencio del anónimo.

Alguna vez, si Dios lo permite, he de recordar algunas figuras que como es natural, para la generación nueva no poseen otro eco que el del rotulado de algunas calles que llevan sus nombres y, no obstante, es para quienes llegamcs a conocerlas, un casi obligado deber exhumarlas del que ellos hubieran deseado voluntario olvido, ofreciéndolas al conocimiento de esta nueva y estudiosa juventud que sabe honrar la historia de su pueblo con el recuerdo de sus hombres predilectos.

Este necesario preámbulo reduce mayor labor, pues basta con la cita de dos nombres para que todos recuerden la obra que realizaron y el respeto y gratitud que por ello estamos obligados a guardarles. Se trata, en suma, del Canónigo don José Doncel y Ordaz y del propietario y convecino don Emilio Macías Santiago.

Conocí a don José Doncel y Ordaz, el culto y virtuoso Canónigo de esta Santa Iglesia Catedral, a principios de siglo.

Su figura quedó perpetuada en unas referencias aparecidas en el bellísimo libro del que fué insigne escritor don José López Prudencio, *Vargueño de Saudades*, y no puedo sustraerme a la cita de un fragmento del mismo en el que alude al nonagenario sacerdote. Dice así:

«Cuando cae la tarde, apoyado en el brazo de un mancebo, arrastrando los pasos, sube la calle (se refiere a la de San Blas) un Canónigo pequeñito, limpio, de cabeza blanca como la nieve y entra en la tranquila mansión de nuestro clérigo, ocupa el sillón antiguo, secular, que está junto al viejo sofá de charolada caoba y comienza la amena charla».

Así conocimos a don José Doncel y Ordaz saliendo de

la Catedral apoyado en el brazo de un muchacho que le acompañaba a su casa. Todos saludábamos y queríamos al noble viejecito, pulcro, sonriente y afable, lleno de sólida cultura, poeta inspirado y galano escritor. Sus tertulias la constituían personalidades de su intimidad, graves varones, algunos de ellos contemporáneos suyos, cuyas conversaciones se desarrollaban en temas interesantes, predominando el culto al pasado.

Uno de los amigos del anciano Canónigo era el General don José Gragera, distinguido soldado, otra de aquellas figuras de la época que tuvo el más destacado relieve. Poco tiempo se llevaron ambos nonagenarios en su partida. El primero en el desfile fué el general Gragera, cuya muerte tuvo lugar en 1910.

Con tal motivo, el viejo sacerdote dedicó en memoria de su amigo, al día siguiente del óbito, el siguiente soneto, que me complace recordar:

Varón esclarecido, egregio anciano,
hoy grabas nueva página en la historia,
que siempre se alzó nuestra memoria
al desprenderse de este mundo insano.

La muerte es un crisol do el Soberano
Hacedor purifica toda gloria,
arrojando después la negra escoria
de la envidia a la frente del villano.

Su sangre, ilustre prócer, derramaste
en el Norte, y en el moro te batiste.
Contrarios ideales en mí hallaste,
y un noble amigo sin embargo has sido;
los dos, nonagenarios... ¡Me dejastes!
y yo al Eterno por tu alma pido.

Procedía don José Doncel del Priorato de Llerena, del que era Secretario, trasladándose a nuestra capital. El ilustre sacerdote salmantino dió al Cabildo de nuestra Santa Iglesia Catedral el más grande esplendor con sus virtudes y esclarecida inteligencia, desarrolladas en multitud de circunstancias. Fué correctísimo escritor, lleno de galanura, inspirado en las más claras fuentes del saber.

Costeó de su peculio importantes obras de exhorno en el templo, tales como las valiosas cristalerías en colores del mismo y particularmente las del Claustro, que fueron colocadas en 1902 y no recuerdo si coincidió con la instalación del Vía Crucis donado por su excelencia reverendísima don Ramón Torrijos Gómez, Obispo entonces de la diócesis.

Aparte otras atenciones, el ilustre Canónigo, que realizó durante su vida innumerables obras de caridad, culminó en la donación de un grupo de casas para obreros necesitados. Casas que todos conocemos, situadas en la Ronda del Pilar, en la confluencia de las calles de San Sisenando y Zarza, las que resolvieron de manera definitiva el problema de la vivienda a varias familias modestas.

En atención a estas obras altruistas, de la que estuvo jalonada la existencia del digno sacerdote, le fué concedida por Real orden, fechada el 11 de Junio de 1909, la debida autorización para que, en su día, pudieran ser sepultados sus restos mortales en uno de los muros interiores del Claustro, fundándose esta disposición en el alto y virtuoso concepto que merecía tan preclara figura.

No tardó mucho tiempo en darse cumplimiento a este honor, ya que dos años después, precisamente el día 6 de Enero de 1911, a las cuatro de la tarde de aquel frío y desapacible día invernal, vimos descender el féretro que guardaba el feble cuerpo y alma grande del ilustre Canónigo a la sepultura que para tal fin fué abierta junto a la capilla del Santo Cristo del Claustro, a cuyo acto asistió numerosa concurrencia, que rendía tributo de despedida al que fué bienhechor de Badajoz.

¡Bien merece esa tumba la piedad de una oracion cada vez que nos acerquemos a la capilla del milagroso Santo Cristo, al que tanta veneración guardamos quienes recibimos consuelo con su misericordia!

Un padrenuestro más, amigo y piadoso lector, por el alma de don José Doncel y Ordaz y puede ser tu dulce ofrenda y quién sabe el bien que en reciprocidad podrás disfrutar de quien desde Allí te bendecirá satisfecho y agradecido.

DON EMILIO MACÍAS

Don Emilio Macías, tío del que era culto y notable escritor don José Díaz Macías, fué contemporáneo del virtuoso sacerdote que acabo de mencionaros.

Acaudalado propietario (un momento, amigo lector). Antes, el ser acaudalado consistía, en la mayor parte de los casos, en la posesión de alguna finca rústica o urbana, o ambas a la vez, disfrutar de un coche con dos caballos para trasladarse a la finca y tener unos miles de duros, cifra más o menos extensa en la cuenta corriente, ser socio del Casino y sumarse al abono de butaca, palco o platea en las temporadas de López de Ayala.

Hoy, aquellas fortunas, *fortunitas*, como entonces se decía acariciando con el diminutivo cualquiera que fuese la cantidad de pesetas que se poseía, son ya pura historia.

¡Tiene una fortunita!.. Hoy, repito, aquello no representa nada, ¡nada! Uno de aquellos hombres beneméritos que al llegar al final de su vida realizaron el recuento de sus actos procurando superar lo que en ellos era ya motivo de tranquilidad por el bien realizado, fué don Emilio Macías, caballero sin tacha, hombre de vida austera, metódico y modesto, jamás pagado de vanidades ni orgullosa altanería.

Era de aquellos asiduos contertulios a las reuniones del Casino que se celebraban diariamente en la sala que llamaron

El Senado, porque a ellas asistían personalidades respetuosas y maduras de la población y en la que su voz autorizada era escuchada con atención. Charlas siempre amenas, en las que distraían las horas de la tarde aquellos buenos señores en paz y en gracia de Dios.

Alguna vez don Emilio Macías era interpelado por alguno de sus contertulios a propósito de un deseo ocultamente concebido por dicho señor, pero que a pesar de su cautela pudo ser conocido por alguna indiscreción de la servidumbre.

Efectivamente, don Emilio Macías, que era hombre generoso, aunque su nombre no apareciera muchas veces en las listas de donantes que tanto se prodigaban en aquellos días, cada vez que se abrían suscripciones con fines benéficos, maduraba un plan de resultado práctico para un sector modestísimo, digno de tal recuerdo y atención.

Tratábase, en suma, de la construcción de un número de casas para lavanderas, las cuales disfrutarían de la propiedad de las mismas mediante sorteo o elección. De esto no estoy muy seguro.

Pero el dadivoso donante, que como ya he tenido ocasión de manifestar, era persona de todo punto modesta, abrigó la pretensión de que la construcción de dichas viviendas fuera realizada después de su muerte. Una vez tuve la audacia de hablarle de este capricho de retrasar tan feliz idea, que a mi juicio debía rectificar, primero por la satisfacción de ver conclusa y felizmente creada la obra en favor de las lavanderas y, además, la de recibir la gratitud de las beneficiadas.

—¡Pues esa es la razón! No quiero que nadie me agradezca nada. Prefiero que se haga después de mi muerte porque así me evito molestias y disgustos con los constructores.

Y era así, amigo lector, aquel hombre, al parecer huraño,

pero que sabía concebir las ideas, sobre todo las generosamente sentidas con ese desinterés que sólo existe en los hombres que saben elevarse del barro, despreciar la vanidad y sus pompas, abriendo el espíritu a la gran *verdad*, que es de tejas abajo escuchar atentos la voz humilde de los que sufren, padecen y carecen de todo y tenderles la mano fraternal y cordial, con lo que nos acercaríamos un poco a esa suprema aspiración de sentirnos felices y contentos de vivir.

Y efectivamente, don Emilio Macías, como don José Doncel y Ordaz y como todos los que fueron, formó parte en el gran cortejo. Inmediatamente dieron comienzo las obras de ese grupo de casas conocido por el Legado Macías, magníficamente situado, casitas que entonces miraban al río y desde ellas veíase el macizo cuadrilátero de la torre, varias veces centenaria, sobre cuyas pétreas almenas vigilan desde Febrero hasta comienzos de Agosto las parejas de cigüeñas, cuidando sus nidos, inverosímilmente sostenidos entre las viejas piedras catedralicias.

VISITA DE DON ALFONSO XIII A LA CIUDAD

Cada vez que admiramos la hermosa Barriada de San Roque, con su adelanto de pequeña ciudad, establecimientos admirablemente surtidos, tanto en la Avenida de Ricardo Carapeto como en el interior, con sus edificios de construcción moderna, su movimiento ya extraordinario y todo, en fin, cuanto significa actividad y trabajo, volvemos la vista atrás del tiempo, recordando aquel Campo de San Roque, constituído por amplísima llanada, sin otra edificación que alguna que otra choza aislada y el huerto de las Hermanitas de los Desamparados, entre el Revellín y San Roque.

Allí iban a jugar los muchachos los jueves y domingos, sin que nada ni nadie interrumpiera las expansiones de la chiquillería, que gozaba de amplia libertad.

El Campo de San Roque fué conocido antes por Campo del Osario y perteneció a una señora que lo legó a fin de que los labradores pobres pudieran hacer allí sus eras.

El origen de este nombre se remonta a épocas muy lejanas. Existían en Badajoz dos bandos pertenecientes a familias poderosas conocidas por los Bejaranos una y por los Portugaleses la otra. Parece que los de esta última familia se hicieron dueños de propiedades de la otra en gran número y cantidad. Los afectados por el espolio, quejáronse al Rey don Sancho, quien en vista de las razones alegadas conminó a los devalijadores a la devolución de lo usurpado,

fonso, que confirmaba la excelente fama de esta guarnición en todos los aspectos.

Los generales Macón y Macías, Capitán general de la región este último, dirigían los ejercicios bajo las directas indicaciones del Rey, desfilando al fin la brigada en columna de honor.

Estas referencias harán suponer a los señores oyentes la enorme extensión de aquellos sitios; pero lo revela más acentuadamente cuando la caballería realizó espectaculares ejercicios, verdaderamente impresionantes para quienes no estábamos acostumbrados a presenciarlos. No nos creemos capaces de describir cómo se iniciaron estos ejercicios, pues no conocemos los términos exactos para su referencia. Comenzaron en una salida a galope, dando pie firme y realizando media vuelta por secciones a galope; desde la línea a la masa, al paso, y luego, desde la masa a la línea, al trote; finalizando, desde ésta a la masa, a galope; dando una carga, por último, los dos escuadrones, que resultó, como decimos, de una impresionante belleza y a la que el Rey, ágil y decidido, se unió al lado del Coronel del regimiento.

En este momento culminó el entusiasmo de los miles de espectadores que se hallaban en San Roque, aplaudiendo y vitoreando a don Alfonso por su espontánea decisión al ponerse al frente de los soldados.

Hubo durante la tan espectacular carga un desgraciado accidente que pudo costar la vida a un soldado que saltó despedido de su caballo, de forma tal, que lo lógico era que hubiera aparecido destrozado, pero afortunadamente sólo sufrió el natural magullamiento.

Evidentemente, aquel soldado de Villarrobledo se vió asistido en aquellos momentos por el Santo con cuyo nombre es conocida aquella Barriada.

El Rey se interesó por su estado, recomendando se le asistiese muy cuidadosamente. Estos brillantísimos ejercicios, realizados en la gran planicie de San Roque, produjeron en el ánimo del Monarca ostensible satisfacción, interesando a su Estado Mayor se hiciera constar así de Real orden y se consignara igualmente en las hojas de servicios de la oficialidad y de las clases de tropa.

No paró en esto la actividad de aquel 26 de Abril de 1905, sino que una vez finalizados los actos militares, el Rey, con su numeroso Estado Mayor, salió de San Roque a la carretera de circunvalación, dirigiéndose al puente, a cuyo final descendió a caballo por la rampa para tomar la carretera de San Vicente, dirigiéndose a la finca de Santa Engracia, donde se levantaría más tarde la Granja Agrícola.

Hubo un curioso incidente cuando al llegar al final del puente don Alfonso intentó bajar la pendiente que veíase al final y que conducía a la carretera de San Vicente. Como el arco es de poca altura y el Rey en su descenso, hecho con rapidez, podía lastimarse al encontrar este desconocido obstáculo para él, el cornetín le llamó rápidamente la atención, con lo que evitó el seguro golpe.

Hallábase en aquellos momentos la referida finca enmarcada con banderines, levantándose en el centro una tribuna bellamente engalanada, con acceso por ambos lados, frente a uno de los cuales se observaba la ciudad.

Esperaban a don Alfonso en la tribuna el Obispo don Félix Soto Mancera; el Ministro de Agricultura, el Gobernador civil y el Alcalde, los Presidentes de la Diputación y Cámara Agrícola, Conde de la Torre del Fresno, Marqués de Lorenzana, Vizconde del Parque, Marqués de Rianzuela y otras personalidades, entre ellas don Jesús Rubio y Pérez-Dávila, como Notario encargado de levantar acta de la ceremonia.

Al llegar el Rey, fué bendecida por el señor Obispo la primera piedra de lo que había de constituir el actual edificio.

Acompañaban al Prelado el Deán, Arcipreste, Arcediano y el Canónigo señor Pagador.

Terminado el acto religioso tomó don Alfonso la azada preparada al efecto y dió en tierra la primera cavachada.

Un lance curioso ocurrió en este momento, pues el Rey se quedó con el mango de la pala en la mano, lo que le produjo franca risa.

A partir de este momento siguieron otros actos protocolarios: discursos, palabras floridas..., dándose fin al hecho de la colocación de la primera piedra de la Granja Agrícola, ofreciendo el señor Rubio y Pérez-Dávila el acta por él redactada, que firmó en primer lugar Alfonso XIII, siguiendo a éste las demás personalidades, departiendo luego unos instantes con el culto Ingeniero, futuro Director de la Granja, don Eduardo Fernández Trevijano.

Y a fin de que no queden incompletas estas referencias, diré a ustedes que la finca Santa Engracia, donde se levantó la Granja Agrícola, era propiedad del señor Galache, adquirida a este señor por un valor de 125.000 pesetas, que se pagaron en cinco plazos, uno de 15.500 y cuatro de 27.500 en plazos convenidos.

Aquella noche asistió el Rey a una función de gala organizada en su honor, poniéndose en escena la zarzuela de nuestro gran autor Cristóbal Oudrid *El molinero de Subiza,* que fué representada por la compañía de Pablo López. Don Alfonso oyó muy complacido la obra del músico extremeño, aplaudiendo algunos pasajes de la obra.

Desviados un poco del tema inicial de esta estampa, cual es lo qué era el Campo de San Roque en los días de nuestra niñez, volvemos a su extensa área para recrearnos un poco en la visión de aquellos días.

Como los lectores habrán observado, San Roque era un campo aislado, extenso y sin aliento de vida.

Ya empezaba a sentirse la falta de viviendas, sobre todo para la gente humilde.

En Badajoz hubo siempre en aquellos tiempos mucha población pobre y las edificaciones modestas se hallaban abarrotadas siempre en esa vecindad triste que vive en la más lamentable promiscuidad; naturalmente, nos referimos a los barrios bajos, aquí altos precisamente, como eran las calles que se extienden bajo la primitiva ciudad que se encerró en el Castillo.

Un día, una familia cualquiera, desamparada, sin hogar y sin recursos, solicitó audiencia del general Macón haciéndole ver lo triste de su situación y rogándole concediera permiso para levantar un chozo en San Roque.

Como este lugar estaba comprendido en zona polémica, era al General al que correspondía autorizarlo y así lo hizo.

Luego vinieron otros y así se fueron levantando arbitrariamente chozas y más chozas. Por estas concesiones el agradecimiento popular bautizó con el apellido del general Macón una de las calles de San Roque e igualmente secundó estas concesiones el general Serrano, por lo que otra de las calles ostenta este apellido.

Al amparo de tales concesiones, fué nutriéndose aquel pequeño núcleo en forma alarmante, puesto que comenzó a cobijarse entre la gente honrada la de peor especie y condición.

Durante varios años fué escondrijo y madriguera de todos los maleantes, hasta que, paulatinamente, la incipiente población adquirió nuevo ritmo y nueva vida al instalarse vecindario de distinta moralidad, a la que hasta entonces allí predominaba y así hoy, para orgullo de Badajoz, puede decirse que San Roque está totalmente ocupado por una población que nada recuerda al triste descampado que se llamó un día Campo del Osario y luego Campo de San Roque.

En 1913 se celebraron los primeros festejos que tuvieron lugar en la incipiente barriada, cuyo programa fué realizado con verdadero entusiasmo.

Se repartieron ropas y diferentes premios entre aquella modestísima población, otorgados, entre otros, por el Gobernador civil don Luis Martínez Fernández, y el del Conde de la Torre del Fresno.

Fueron repartidas las primeras por las señoritas Augusta Ambel Albarrán, Isabel Martínez Cisneros, Lola Muriel Cisneros, Pepa Ceballos, Carmen de Miguel Martínez, Brígida de Miguel Rino, Mercedes de Miguel de Miguel, Matilde Albarrán, Angelina Lancho, Pili Plá y varias más, cuya referencia haría extensa esta relación.

Los vecinos de San Roque elevaron un artístico arco dedicado al Prelado recién llegado y autoridades.

Asistieron a este acto el señor Obispo, Gobernador civil, Alcalde y demás autoridades, corporaciones y organismos oficiales.

En el desarrollo de la barriada fué apreciándose la falta de muchas cosas imprescindibles, entre ellas el alumbrado. Allá por el año 1920, a iniciativa del entonces Alcalde don José Galache Hoyuelos, se inauguró, en el mes de Noviembre, en aquel barrio, el alumbrado público de gas acetileno. Con este motivo asistió la Banda municipal, que dió un concierto, escuchado por mucho público.

El Alcalde ofreció todo su esfuerzo y ayuda en beneficio de aquel vecindario, que efectivamente realizó, y en gratitud para el que fué buen Alcalde y excelente caballero, una de las calles del populoso barrio lleva el nombre de don José Galache Hoyuelos.

En 1914 los propietarios de hecho de las viviendas por ellos edificadas se reunieron para tratar de legalizar su situación, cuyo estudio y defensa realizaba el culto Letrado don Manuel Giménez Cierva.

Y así era y así creció aquel campo yermo, ejido ansarero, transformado hoy en ese importante y simpático barrio, lleno de trabajo y actividad, en el que la moral de su población actual ha conseguido purificar el ambiente que durante algunos años enrareció su amplia área.

Y como en un viejo daguerrotipo, animado un momento ante el poder del recuerdo, nos parece ver el antiguo Campo de San Roque, invadido por enorme multitud enardecida, cuando el Rey, impetuoso y pleno de juventud, puso su caballo al frente del escuadrón de Villarrobledo en aquella valiente y espectacular carga, digna de la más entusiasta evocación.

ANTIGUAS ROMERÍAS

En nuestra región, igual que en todas las que comprende el suelo español, las romerías constituyen valioso elemento lleno de interés y colorido.

En los pueblos de la provincia celébranse preferentemente en el mes de Septiembre numerosas romerías, llenas de tradición, que hacen reunir en sus localidades a sus hijos, ausentes de las mismas, unas horas o unos días solamente.

Badajoz cultivó muchos años sus devociones romeras y, particularmente, las celebradas en los campos de Bótoa y en el Corazón de Jesús, aparte de la tradicional en la bella ciudad de Elvas, considerada casi nuestra por afecto a la entrañable nación hermana.

De la romería que se celebraba en La Corchuela (Corazón de Jesús), es probable que la gente moza apenas tenga noticias, pues hace años se dió por finalizada.

No obstante, muchos romeros asistían el día que se conmemoraba dicha fiesta y allí pasaban unas horas en honor a la tradición; pero poco a poco fué cesando el entusiasmo que antes había y terminó por acabarse la visita a La Corchuela con propósitos festeros.

No podía compararse en interés ni en atracción a la tradicional romería a la Virgen de Bótoa, ya que La Corchuela carecía de escenario para expansión de los romeros como la poseen aquellos campos de encinares centenarios de la romana Budua.

La romería en La Corchuela comenzó a celebrarse en el año 1878, recién construída la iglesia, que fué dedicada al Corazón de Jesús, cuya edificación, realizada en 1877, fué debida a iniciativa del Prelado don Fernando Ramírez Vázquez, quien dió encargo a don Florencio Ger de la realización del proyecto. Era aquel lugar conocido por Mercadillo de La Corchuela y el señor Obispo, ante la necesidad de facilitar al numeroso vecindario de aquel sector el cumplimiento de sus obligaciones cristianas, acordó erigir dicha iglesia. La feliz idea del señor Ramírez tuvo favorable acogida e inmediatamente fué puesta en estudio, verificándose el replanteo del edificio durante la mañana del 13 de Febrero de 1877.

La primera piedra del futuro templo fué colocada un mes más tarde, el 11 de Marzo, asistiendo buen número de invitados al acto. Como dato curioso cito el texto grabado en dicha piedra, que fué colocada por el ilustrísimo señor Obispo. Decía así:

«El ilustrísimo y reverendísimo señor Obispo don Fernando Ramírez Vázquez, por la gracia de Dios y de la Sede Apostólica, Obispo esclarecido de Badajoz, pone esta primera piedra con solemnidad en este templo, dedicado al Santísimo Corazón de Jesús.»

La nave de la iglesia del Corazón de Jesús mide 15,40 metros de longitud por siete de ancho y las líneas de la misma se hallan inspiradas en estilo en consonancia con el ambiente.

En el año 1878 hubo que acelerar la terminación del templo a fin de no interrumpir el culto, que venía celebrándose en la caseta de peones camineros, habilitada para este piadoso objeto, pero había que hacer entrega de ella al Estado, que ya la había reclamado por ser necesario su uso.

Es justo decir que el importe de las obras fué conseguido por limosnas y ayuda de Sociedades culturales, que organizaron funciones con tal propósito.

A la primera fiesta romera asistió numeroso público de aquellos alrededores, de Badajoz y Olivenza, especialmente, constituyendo a partir de entonces un día anual de romería. Pero como se sabe, aquel sitio poseía limitado espacio para la celebración de la misma y, naturalmente, carecía de la importancia de la fiesta de Bótoa.

Muchos años se realizó la romería en La Corchuela, en cuya iglesia se hacía la fiesta religiosa, igual que en Bótoa, con misa solemne y sermón. Asistían muchos carros engalanados, celebrándose animados bailes frente al atrio de la iglesia.

Desde la carretera de Olivenza hasta la explanada frente al templo, se establecía ancha calle formada por carros y puestos de dulzainas, además de los obligados despachos de vinos.

Quienes asistimos algún año a la romería del Corazón de Jesús, recordamos la perspectiva de aquellos sitios, engalanados con el característico ornamento festero: gallardetes, banderas, policromía, en fin, a la que daban mayor realce y lucimiento «como en todo» las muchachas de la tierra, con el atuendo aún sin guardar que un par de meses antes lucieron en la lindísima pradera de Bótoa.

La fiesta en el Corazón de Jesús tuvo diversos eclipses. El obispo Ramírez prohibió la celebración de la misma. Supongo que la causa de esta suspensión debía obedecer a los excesos de los romeros jóvenes por las libaciones del rico vino de aquellas viñas que tienen aroma tradicional.

Al fallecimiento del Prelado, su digno sucesor fray F. Sáiz de Urtury mantuvo la prohibición establecida por aquél, pero el día de la fiesta la gente acudía a La Corchuela, instalándose los puestos de dulzainas y abarrotándose de carros aquellos lugares. Poco a poco, el público fué espaciando su asistencia a la romería y es casi seguro que la razón más firme en este retraimiento era el paso por las cercanías del Cementerio y el respeto al santo lugar, que frenaba la alegría del público romero.

Mediado el siglo anterior, exactamente en 1845, regía la diócesis pacense fray J. García Gil, dominico, quien visitaba frecuentemente aquel mercadillo de La Corchuela, especialmente los domingos, intentando agrupar a los propietarios y obreros de aquellos cercados para llevar los consuelos de la fe.

Es muy posible que la iniciativa de crear en aquel lugar una ermita fuera original del referido Prelado, iniciativa que entonces no dió fruto y que más tarde reprodujera el obispo Sáiz de Urtury, obra que tampoco llevó a feliz término este buen Obispo.

Recuerdo alguna de las últimas fiestas que tuvieron lugar en La Corchuela, y aún pudimos oír parte de aquellas canciones que los romeros entonaban al regreso de la romería.

«Venimos de La Corchuela,
del Corazón de Jesús,
y traigo una filoxera
que al Rey le llamo de tú.»

Dos romerías, la de Bótoa y la celebrada en La Corchuela, producían demasiado gasto para las familias y es natural que esta causa y la últimamente mencionada pusieran broche definitivo a las fiestas del Corazón de Jesús, que son ya para nosotros eco perdido que se diluye lentamente entre densas sombras.

FERIA DE ELVAS

Qué lejano, pero qué grato, este recuerdo de la feria de San Mateo en Elvas, la pina ciudad portuguesa que nosotros veíamos toda blanca, destacando allá al fondo de los campos fronterizos a Caya, a cuya izquierda discurre en lento caminar el manso Guadiana.

Elvas, con su tono claro, se asoma en el repecho por donde vemos ocultarse el sol en los atardeceres incomparables. Feria de Yelves, que decían nuestros antepasados por ser el nombre antiguo de la ciudad, quienes inundaban la linda población en las tradicionales fiestas de San Mateo, con su feria *franca*, sus magníficas funciones religiosas en e Cristo da Piedade, sus populares touradas y, sobre todo, el regalo de sentirnos allí fraternales amigos de buena, cordial y sincera amistad.

A la feria de Elvas asistía gran contingente de Badajoz, en carros principalmente, igual que a Bótoa y al Corazón de Jesús, de La Corchuela.

Carros engalanados que ponían su nota festera en la carretera portuguesa, poblando luego de canciones las calles empinadas de la población lusitana.

La visita a Elvas constituía un día de verdadera romería y recuerdo la simpatía y afecto con que el vecindario acogía a los visitantes pacenses que allí llevaban su buen humor y su optimismo.

Las fiestas religiosas constituían una de las más sugestivas atracciones. La iglesia de Nuestro Señor Jesús de la Piedad veíase invadida a todas horas; la visita a la iglesia era inexcusable y pocos habrá que no hayan dedicado una oración ante la dulce imagen del Señor.

El campo de feria se extendía en el amplio espacio del Rocío del Calvario, en cuyo perímetro se establecía enorme cantidad de puestos de feria; toda aquella polícroma juguetería que deslumbraba a los ingenuos campesinos de los cercanos pueblecitos y de los escondidos caseríos.

En los establecimientos de mercería y confitería, abarrotados de incitantes golosinas, aquellos días el público de Badajoz hacía provisiones de los riquísimos hojaldres y las magníficas almeixas, tan acreditadas por su esmerada preparación, y de «bollo podre».

¡Prósperos días aquellos para el comercio de Elvas, ya que era obligado en quienes asistían a la feria adquirir algún objeto, bien para regalo o solamente por el deseo de invertir unos «tostones y patacos» en recuerdo de su visita!

Quizá uno de los más imborrables recuerdos de mi vida lo constituye la visión que mi niñez encontró maravillosa de aquel campo de feria iluminado, el ruido característico de millares de seres concentrados en aquella explanada, a cuyo fondo se destacaba el magnífico acueducto de la Amoreira, con su bien distribuída iluminación.

Celebrábase aquel año una exposición agrícola y guarda mi memoria la maravilla de aquel vasto exponente de los productos de la tierra. Frente al acueducto, en la extensión del campo de la feria, hallábanse, acaso, cerca del millar de carros. Nunca olvidaré aquel espectáculo, agrandado por mi infantil imaginación. Infinitos romeros portugueses entonaban sus cantos melancólicos, alegres corridiños y las sentimentales notas de los bellos fados, que como nuestro cante jondo, dicen del dolor de las penas y traiciones y amarguras del querer.

Por la tarde, la tourada, en la que lucía la soberbia doma de sus corceles Manuel Casimiro d'Almeida, quien antes de las obligadas cortesías de la fiesta, recibía el cariñoso aplauso y apretones de manos de viejos amigos de Badajoz, admiradores del arte de Marialva, perfectamente ejecutado por el notable cavaleiro.

Se aplaudía a los populares rehileteros portugueses, contratados para las corridas, tales como Manuel dos Santos, Tomás da Rocha, Torres Branco y el entonces jovencísimo Luciano Moreira, y al grupo de «moços forçados», amadores de Santarem, y los diestros españoles contratados. Realmente lo más aplaudido eran las banderillas a *porta gaiola,* suerte valientemente realizada por los toreros lusitanos.

¡Quién sabe si en una de aquellas ferias vimos a Juan Belmonte, con la troupe de torerillos, viajeros de topes en los trenes, que en una tarde de tourada inició su carrera en Elvas con el menguado atuendo que le sirviera en las jornadas a través de las polvorientas carreteras!

Como anillo al dedo, según la expresión vulgar, llega a mi memoria en este momento en que cito a Juan Belmonte un hecho del que fué protagonista.

Para actuar en la tourada de Elvas—no sé si con contrata o no—arribó a Badajoz en los topes del tren una cuadrilla de aficionados sevillanos. Como matador figuraba Antonio Marroco, y de banderillero, Juan Belmonte. Ambos se tiraron del tren en las cercanías del Fuerte. Hambrientos y fatigados por el incómodo y peligroso viaje, decidieron repartir sus funciones. Marroco se acercaría a la capital para ver la manera de encontrar aficionados que les facilitaran para comer. Belmonte se situó en el Fuerte, tumbado en el suelo descansando hasta el regreso de su compañero. Volvió éste al cabo de un par de horas, con el semblante risueño, pues había encontrado fácil ayuda y portaba comida para los dos. Pero Marroco oyó sorprendido a Juan, que afirmaba haberse hartado durante las dos horas en que estuvo aguardándolo. Fué así.

Comenzó a merodear por el Fuerte y en sus proximidades vió a un hombre que trabajaba en una finca. Pudo observar el taleguito donde supuso tendría su comida y después de hurtarse durante un rato a su observación, se hizo dueño de referida talega, en la que según dijo a Marroco encontró un trozo de queso de cabra, unas aceitunas y un trozo de pan, con lo que mató el hambre, quedando al pobre hombre sin la modesta refacción.

Conocí este hecho por Antonio Marroco años después, cuando el trianero había llegado a la meta de su carrera y Marroco era apoderado de Curro Vega, el primero de los *Gitanillos de Triana*, gran torero y excelente amigo.

Luego de la tourada veíamos llegar jubilosos a los romeros de Verche y San Román, con sus banderas y pendones, acompañados por la Banda de Infantería número 4 y la Filarmónica Elvense.

Los fuegos artificiales eran espléndidos, en los que la pirotecnia lusa se mostraba diestra en aquella fantasía luminosa, varia y fugaz sobre el espacio, produciendo asombro y la más absorta admiración en el pueblo. ¡Feria de Elvas! Lejanos días de la niñez, que lograron captar para el goce supremo de evocarlas horas inolvidables que perviven en la imaginación con inmarchito y perdurable recuerdo.

Luego de finalizados los espectáculos del día, atravesábamos la fortaleza, salvando la puerta de Olivenza, emprendiendo el regreso, en el que los romeros que asistían a la feria de San Mateo tornaban cansados, destrozados por el incesante ajetreo, aparte de los naturales excesos de la gente joven, por el consumo del vino de las botas y garrafas y los abundantes acopios gastronómicos durante toda la jornada.

Rodaban lentamente los carros a través de la carretera luso-española y allí atrás quedaba la acogedora Elvas, toda blanca, mostrándose luego, muy de mañana, entre el fondo purísimo de su cielo y entre el severo castillo Fuerte da Graça, en el que convalecen de pecadillos veniales quienes allí fueron empujados por un viento huracanado de poca fortuna...

Quizá, como un ritornello incrustado en la imaginación, aún parecen escuchar nuestros oídos los ecos gimientes de las guitarras y mandolinas, dando escolta a los acentos melancólicos de los dulces fados, en los que aflora el alma romántica y apasionada del bello y encantador Portugal.

ROMERÍA DE BÓTOA

La curiosidad por lo retrospectivo me insta a echar una ojeada de vez en cuando a cosas de otro tiempo relacionadas con la romería de Bótoa: fotos, álbumes, vistas estereoscópicas, etc. etc., que tuvieron relación con épocas por mí vividas.

Cada vez que se da un repaso a estos recuerdos, especialmente en una de estas tardes en que el sedante de la paz hogareña nos sujeta con íntima atracción, surge siempre algún motivo que excita el grato deleite de tornar al ayer.

Es ahora una colección de cartulinas, viejas estampas, familiares unas y de antiguas amistades otras, que nos recuerdan aquellos inolvidables momentos de un día de romería, con sus luces de Abril o Mayo, su perfume primaveral y el alegre encanto de la campiña abierta a los primeros alientos de la floración.

En estas ya borrosas fotografías, aparece fijo, con la terrible quietud de lo inanimado, el grupo de comensales que, sobre el verde césped de la pradera, constituía el nutrido grupo familiar y agregados a la suculenta refacción.

Horas que, perpetuadas en esas fotografías que admiramos ahora en la quietud del hogar, nos dicen elocuentes la destructora labor del tiempo.

El vasto escenario de otros tiempos apenas ha sufrido variación; sigue florida y linda la amenísima pradera, por la que discurre lenta y mansamente la clara ribera, formando bellísimos rincones, a cuyas orillas se constituían, igual que hoy, los grupos familiares a la hora de la comida, cuyo plato castizo era la caldereta, riquísima y apetitosa, con el aditamento de tiernísimas chuletas y abundantes tortillas, salpicado todo ello de aperitivos de todas clases, con predominio del excelente chorizo y el suculento lomo, y rehogado con sibaritismo por el rico vino de La Corchuela, finalizando los dilatados ágapes, entre otros postres, con la también casticísima ensalada, condimentada y aromatizada con el agua de la clarísima corriente del Gévora y el oloroso poleo de sus orillas.

Las mujercitas que aparecen sonrientes en las comentadas fotografías, ataviadas con galas de romería, nos recuerdan sus ojos brillantes y profundos, que parecían invadidos por la luz maravillosa de la mañana primaveral; risa flúida, alegre, dicharachera, que ya es solamente eco, bruma y olvido.

¡Cuántas veces hemos escuchado el mismo comentario a muchas personas de las que aparecen en las amarillentas cartulinas, comparando la lozana juventud de entonces con la decrépita ruina de hoy!

Sólo ahora, como ayer, eternamente bella y dulcísima, la faz celeste de la Virgen aparece gloriosa, poblando de serena exaltación los fértiles campos de Bótoa, con sus encinares, su luz y su ambiente, en el que parece resonar este acento extremeño, que es, como el terreno, un poco pardo al exterior, pero oro del más puro en el fondo.

La casi totalidad de los vehículos, aparte del número no muy extenso de coches de caballos, lo constituían los carros. Una de las fotos que tenemos a la vista, debidamente ampliada, impresionada desde la terraza de la ermita, nos muestra toda la extensión del campo abarrotado de carros engalanados.

Los coches que asistían a la romería de Bótoa pertenecían, en su mayor número, a una empresa de Elvas, creo que de apellido Carvalho, e igualmente los de Salao, de la localidad. Entonces, al menos en los días en que situamos estas referencias, aún no había invadido la pradera el olor a gasolina, ni el ruido de los claxos y bocinas de los automóviles. Nunca olvidaré la desagradable impresión que me produjo ver el primer automóvil que llegó trepidante al pórtico de la finca de Bótoa, frente a la Cruz que existe en la carretera.

Aquella mañana se rompía un poco el carácter típico del día de Bótoa con la llegada del entonces soberbio automóvil de familia prócer y distinguida de la localidad.

Los romeros comprometían todos los carros de Badajoz y sus cortijos, los que nutridos grupos de muchachas y muchachos ocupaban hasta abarrotarlos.

Desde un mes antes íbamos diariamente a echar un vistazo al coche que nos conduciría y de paso trabajar al señor Antonio el portugués en su cochera de la calle Melchor de Evora para que nos rebajase algo de las treinta pesetas del alquiler por el que desde las siete de la mañana a las nueve de la noche estaba a nuestra disposición. Naturalmente, a esta cantidad había que agregar las cinco pesetas que pagábamos a escote para la propina del cochero. En total, siete duros.

Como es natural, lo bello e interesante eran las lindas muchachas sin par de nuestra tierra, elementos de graciosa composición en el cuadro todo color de la campiña. El atavío de las mujeres en aquellos días era de un magnífico tipismo.

Mucho tiempo antes del día de romería se confeccionaban bellísimos y ricos delantales bordados, blancos en su mayoría, adornados con encajes, constituyendo, como en todo lo femenino, la natural emulación y competencia, pues cada una procuraba superar la belleza de las demás.

Muchos años, los escaparates de la calle de San Juan exponían los delantales confeccionados con tanto primor y buen gusto y que realmente ponían en la atención del público de aquellos días la nota más sugestiva y atrayente. Uno de aquellos años se verificó en los escaparates de un establecimiento denominado España y Portugal, en la Plaza de San Juan frente a La Perla, una preciosa exposición de delantales que justamente llamaban la atención por sus primorosos bordados.

¡Qué guapas y atractivas aparecían las muchachas con sus delantales bordados que, además, anudaban al cuello preciosos pañuelos de seda, igualmente blancos en su mayoría, adornándose las cabezas con flores de la pradera en las que predominaba el peinado alto en pomposo dominio de la gracia femenina!

La animación no se interrumpía en ningún momento, comenzando tan pronto llegaban los primeros carros al pórtico de la romería y se desentumían los romeros de la forzosa quietud durante las horas del viaje, lento, pesado, en que las coplas populares inundaban de ecos toda la longitud de la carretera.

Todavía, el viaje a la ermita ofrecía la mayor seguridad, pues el fresco de la madrugada aún no había dejado oficiar en los estómagos de los carreros—aquellos antiguos y duros carreros de entonces—, el inmoderado afán del vértigo y la emulación.

En cambio, a la hora del regreso, una vez que se había consumido con exceso aquel rico corchuelero, era un poco peligrosa, pues los referidos carreros, en dominio de sus cuadrigas, pretendían abrirse camino llevando sus carros en atrevidos pasos.

Y el caso es que no sólo era a los carreros a quienes gustaba el pique, y ustedes perdonen la castiza expresión, si no que en muchos casos, sentíanse enardecidos por la conocida tonadilla azuzadora cantada a coro por los ocupantes de los carros:

> «Ya te he dicho carrerito, que yo no quiero carrera,
> pero tampoco me gusta que nos lleven delantera...»

Y esto, con los inquietos geniecillos desprendidos de las cepas cultivadas en las viñas del Corazón de Jesús, producían muchas veces fuertes encontronazos de unos carros contra otros y que sólo la intercesión de la Virgen hacía que carecieran de importancia.

Los bailes se organizaban animados por los organillos, excepto en el patio, en el que componentes de la Banda municipal interpretaban durante toda la mañana alegre concierto de obras bailables.

¡Qué cuadro tan espléndido el de los campos de Bótoa a la salida de la procesión! Todo era en el medio día primaveral, fecunda exaltación de armonía y color... ¡Qué bonitas, garbosas y sugestivas estaban aquellas muchachas a través de los encinares acompañando a la Virgen campesina! La imagen aparecía graciosamente tocada de un sombrerito de paja y, a cuyo paso, el campo se transformaba en templo bajo la azul maravilla de nuestro sol luminoso, todo claridad radiante que alimentaba de energía y nueva savia los fértiles campos de Bótoa, Sagrajas y El Tesorero.

Matiz destacado continúa siendo la cooperación de las lavanderas portando a hombros las andas de la Virgen, entonando sus canciones de esperanza, coplas sencillas con reminiscencias de viejas tonadas pastoriles.

El alegre repique de la campana de la ermita poblaba con sus sones toda la bella campiña, como un inmenso acorde dominante entre la música que acompañaba a la procesión.

Recuerdo algunas de las figuras de mi época que entonces componían la Hermandad, y aún me parece ver en la presidencia de la procesión a don Manuel Acosta, don Rafael y don Fulgencio Trujillo, don Enrique González Fernández de la Puente y varios señores más de los que ya no guardo memoria. La actual Junta de la Hermandad está compuesta por el culto Catedrático, actualmente Alcalde de Badajoz, don Ricardo Carapeto Burgos, como Hermano mayor; Vizconde del Parque, Secretario; don Pedro Alfaro Pereira, Contador, y don José Quintana, Tesorero. Algunos de los Vocales son don Domingo Caballero, don Pablo Alba, don Rodolfo López Gosálvez, don Pedro Alfaro de la Concepción, Conde de la Oliva, don Manuel Sánchez, don Ramón Bigeriego, etc., etc.

Como Capellán de la Hermandad figura el muy ilustre señor don Ildefonso Jiménez Andrade, Canónigo de la Catedral.

De los pueblos próximos, así como de los cortijos que pueblan aquellos campos, asistía mucha gente a la romería, especialmente acompañando a la Virgen durante la procesión, invadiendo la carretera, matizada de nardos silvestres y salpicada de florecillas multicolores. Llegada a la simbólica encina en la que es fama que en su fruto aparece en relieve exacto el contorno de la imagen, tornaba a la ermita, toda blanca, maravillosamente enjabelgada, destacándose nítida entre el fondo de los encinares.

Al hablar de Bótoa no es posible olvidar al que fué su Capellán hasta 1950, en que falleció. Aquel buenísimo don Diego Alvarez fué alma y sostén de todo cuanto tuviera relación con Bótoa y su romería.

Mediada la tarde se anunciaba el momento de regresar a la población y otra vez la caminata de la larga carretera. De nuevo, las canciones poblaban alegres aquellos campos en las horas finales de la tarde; coplas alusivas a cualquier suceso local matizaban irónicas las tonadillas romeras.

Se hacía la primer parada en la cantina de Gévora, donde

la gente moza reanudaba el baile; los carros habían de descender por una rampa pronunciada, sin que por fortuna nunca ocurriera sensible accidente. Cuando aquella invencible resistencia comenzaba a flaquear tornaban de nuevo a los carros para emprender la etapa final..

Como ahora, toda la población de Badajoz se despoblaba este día a recibir a los romeros y desde Gévora hasta Puerta de Palmas un rosario de gente invadía este itinerario, especialmente en las laderas del Fuerte, que igual que ahora presentaba el día de Bótoa fantástico aspecto.

Y de nuevo, la campiña, pasadas las horas de la anochecida, aparecía toda quieta. En el ramaje de sus árboles, heridos y desgarrados durante el día para trofeos de carros y coches, quedaban prendidos miles de ecos, de voces y de risas lentamente apagados...

De los cercanos apriscos llegaba el balar de los corderos, alterada su paz idílica durante el día; de los establos se escapaba el mugido de las vacas y un perro guardián ladraba a lo lejos...

¡Romería de Bótoa! Horas de juventud que viven inmarchitadas en el recuerdo a pesar del tiempo y sus heridas; horas de ayer que vibran dentro de nosotros como un acorde de ilusión. Bien venidas sean a la imaginación estas ráfagas de momentos vividos que llegan a remozar el espíritu por unos instantes, elevándolo de esta realidad en que pensamos que el pasado es sólo un cadáver que llevamos dentro de nuestro corazón.

Horas después de finalizada la romería todo reposaba en solemne quietud. La campiña exhalaba ecos sutiles, rumores inconcretos—ténues y suaves acentos—, eco quizá, arrullos oficiados en el cálido secreto de los nidos maravillosamente multiplicados entre los millares de encinas... Un vientecillo fecundador besaba las corolas abiertas, perfumándolas con el polen de las flores bravías del monte.

Y allá dentro, nimbada de luz reverberando a través de los blanquísimos muros enjabelgados de la ermita, quedaba en su trono virginal la Virgencita de faz infantil con su celeste sonrisa bendiciendo la paz solemne de aquellos campos exuberantes, fecundos y prometedores...

FERIA EN BADAJOZ

De las ferias celebradas en Badajoz durante el mes de Mayo, una de las más interesantes fué la que tuvo lugar en 1910, de la que pretendo ofrecer algunos aspectos por si ellos traen a muchos de quienes asistieron a la misma algún grato recuerdo de aquellos momentos.

Como el año anterior, la feria constituyó un verdadero éxito de animación. El Campo de Festejos se instaló igualmente en la Cañada de Sancha Brava y la inauguración se verificó la mañana del día 10.

Igual que en la última feria, se organizó brillante cabalgata, que partiendo de San Juan, frente al Ayuntamiento, se dirigió al Campo de Fiestas.

La carroza de la Sociedad de Festejos, adornada con gran gusto, portaba sobre el trono, que fué montado sobre la plataforma, a las bellas señoritas Carmen Torrejoncillo, Pepita Anselmo, Paquita Malfeito, Angelita Mitre, Carmen Gregori, Carmen Alvarez y María Monroy, quienes lucían preciosos trajes blancos con motivos celestes.

El público, que llenaba la plaza, dedicó grandes aplausos tanto a éstas como a las lindas señoritas que ocupaban la carroza del Comercio, las cuales eran: Pilar y Carmen Marín, María de Sousa Meneses, Amelia Hernáiz y Juanita Ramos, preciosamente ataviadas con ricos pañuelos de Manila.

La llegada al Campo de la Feria coincidió con el comienzo de la matinée, celebrada en la caseta de la Comisión de Festejos, que, como es de suponer, estuvo concurridísima y a la que prestaron la más sugestiva atracción aquellas bellas muchachas que, con su simpatía, llevaron aires de juventud y la más auténtica alegría.

Luego de esta iniciación de la feria, las Bandas militares y la Municipal partieron por las calles de Badajoz, dando al aire de la mañana primaveral los alegres sones de la diana, despertando a los aún medio dormidos y arrastrando tras sí numerosos muchachos bien desayunados, con la alegría de aquellas horas festeras.

Fueron sucediéndose los diferentes festejos populares: animación, policromía en la Cañada con sus puestos de baratijas, bailes, vértigo en el deambular de la gente que, en flujo y reflujo, inundaba aquel campo y todo, en fin, cuanto en la vida de los pueblos abre un paréntesis con los días de feria. También en el ferial de ganados hubo gran movimiento de transacciones, realizándose muy buenos negocios.

En la caseta del Casino, en la del Liceo y en la de la Sociedad de Festejos, fueron celebradas animadísimas matinées.

En uno de los días de feria se celebró la batalla de flores proyectada, cuyo anuncio había producido gran entusiasmo, hasta el punto de arrastrar a Badajoz enorme cantidad de forasteros que se desplazaron de la provincia en coches y ferrocarril, así como de Portugal, que aportó, como siempre, gran contingente. Fué ésta—la batalla de flores—el número de los festejos que más público atrajo.

Malo estuvo el día, pues no dejaba de caer esa llovizna fina y persistente, capaz de deslucirlo todo, pero la Providencia quiso que no ocurriera así y a las cinco de la tarde, en que ya había cesado la lluvia, se hallaba completamente invadida de público la carretera del Vivero.

Como en todas estas fiestas, se libraron grandes batallas floridas de coche a coche, del público a éstos y viceversa. Se establecieron varios premios para carrozas y coches, juzgados sus méritos por los señores Covarsí, Saldaña, Candelas y Lacoste.

Fué concedido el primer premio a la carroza presentada por don José María Albarrán, que estaba preciosamente adornada con flores blancas. El segundo se otorgó a la que prepararon las señoritas de Collazo, quedando desiertos los restantes.

Hubo también una alegre verbena popular, que congregó en el Campo de la Feria enorme cantidad de público que no hizo caso al tiempo que, repito, se mostró verdaderamente enemigo de los festejos. Menos mal que, despejada la tarde, se pudo realizar este simpático número y la verdad es que estuvo animadísimo.

Se otorgaron varios premios a las señoritas mejor ataviadas, siendo concedido el que ofreció el general Macón a Vicenta Reina Pizarro, consistente en un rico abanico. El segundo se otorgó a Carmen Cruz Calesero, del Vizconde del Parque, dos piezas de tela blanca, y el tercero, de la Sociedad de Festejos, a Joaquina Ferrero Mata, consistente en una peineta valiosa.

Hubo corrida de toros, en la que tomaron parte aquellos bravos toreros *Machaquito, Pepete* y *Manolete,* en la lidia de ganado de Parladé y Pablo Romero.

En estos días fueron inaugurados los paseos laterales del Puente de Palmas, luciendo durante la feria aquella bonita iluminación de los arcos colocados en el mismo.

En el teatro López de Ayala actuó durante los días de feria la compañía que dirigía don José Domínguez, ya conocido del público de Badajoz. Era un buen actor José Domínguez, estudioso y de excelente escuela.

Durante los días de su corta temporada teatral estrenó

la lindísima comedia de los hermanos Quintero *Amores y amoríos*, obteniendo la obra e intérpretes verdadero triunfo. También se estrenó la obra de los mismos autores *Doña Clarines*.

El genio alegre, *El abolengo*, *La fuerza bruta*, *Por las nubes*, *Militares y paisanos* y *La fierecilla domada*, fueron las obras que la compañía del señor Domínguez representó en la ya referida feria de Mayo.

Se anunció el estreno de *Casandra*, ocupándose apenas la mitad de las localidades, pues el público estimaba que la obra era de tendencia revolucionaria y optó por no asistir.

Pero lo verdaderamente magnífico y extraordinario, lo que quedará siempre en la memoria de los que tuvimos la suerte de presenciarlo, fué la exposición de muñecas que se celebró en el Ateneo, establecido en los altos de La Paloma, en la calle de San Juan.

¡Bien merece un recuerdo, el más amplio y entusiasta, aquella fiesta de ilusión! Alma de ella fué doña Angeles Morán, Directora entonces de la Escuela Normal de Maestras, quien puso todo su entusiasmo en la organización y realización de este proyecto, en el que dió patentes muestras de su delicada feminidad.

La exposición de muñecas tuvo un fin benéfico. Se hizo arte y se prodigó el bien. La Gota de Leche era una institución creada para ayudar a las madres lactantes y con este propósito doña Angeles Morán aportó esta preciosa iniciativa.

Hubo muñecas, donadas, para que fuesen rifadas, engrosando con su producto el benéfico propósito. Se puso precio a la entrada con el fin de aumentar la recaudación —módico precio que hará sonreir a muchos: 25 céntimos.

A la *mis en scene* coadyuvaron las alumnas de la Normal de Maestras señoritas Julia López Morales, Felisa Pérez García, María Gómez Hinojosa, Angelina Carballo Rubio,

Concepción Sánchez Rodríguez, Teresa Laura Morales, María Gallego Martín Pérez, Adelaida Tévar Berbén, Antonia Rodríguez Jareño, Luisa Jiménez Toro y María Remedios Marroquí de Veda.

Decir sencillamente que los salones del Ateneo estuvieron admirablemente adornados, no daría exactamente la expresión de cuanto aquella ornamentación ofreció a los ojos de todos, de aquella maravillosa creación, verdadero paraíso de fantasía.

Gran cantidad de muñecas, ricamente ataviadas, las que el buen gusto de las donantes esmaltó de femenino encanto, fueron distribuídas en aquel improvisado jardín, con sus fuentecitas, escenario maravilloso sobre el cual luces admirablemente entonadas y distribuídas daban fantástico aspecto.

En este bellísimo parque, hábil y cuidadosamente dispuesto, aparecieron las lindísimas muñecas, que ofrecían la más exacta impresión de vida; era aquel un trozo de realidad, vista con ojos encantados.

Bien puede decirse a cuantos oigan estos recuerdos que aquella exposición constituyó, no sólo para las señoras y señoritas, la nota más sugestiva y delicada, sino que fué para todos impresión gratísima de belleza y buen gusto.

A la principal labor de esta culta Profesora, que fué doña Angeles Morán, con su acertada dirección y denodado entusiasmo en la realización del fantástico espectáculo, coadyuvaron competentemente don Adelardo Covarsí, don José Alcoba, don Mariano Larios y don Luis Bardají, que se convirtieron en verdaderos esclavos de aquel proyecto, que tan maravillosos resultados ofreció.

Así lo reconoció el público, que otorgó a cuantos tuvieron a su cargo la realización de esta femenil fiesta los más cálidos elogios. La familia real tuvo la atención de enviar varias preciosas muñecas. Doña María Cristina, la inolvidable Reina madre, donó una, magníficamente vestida con precioso traje de tonos azules. Otra, de igual tamaño, con vestido rosa y blanco, fué regalada por la Infanta Isabel. Estas dos muñecas poseían juego mecánico, movían los ojos y andaban como si fueran niñas diminutas.

Otras preciosas muñecas fueron igualmente donadas por los Infantes doña Luisa, don Carlos, doña María Teresa y don Fernando. También figuraba otra de la Duquesa de Fernán Núñez y las que podemos calificar de locales. Estas eran, en realidad, preciosas, y fueron sus donantes las señoras y señoritas de Pesini, Angeles V. Sala, que era por cierto la de mayor tamaño de la exposición; Gloria González Revenga, señora de Bardají, María, Gloria y Carmen de Miguel, Lopo, señorita de Ambel Albarrán, María Silva Caldeira, Albarrán, Gómez Ruiz, Caballero, Márquez, Olleros-Navarrete, Sánchez Hernández, Gragera, Espárrago, Gómez Tejedor, López Medina, Romero de Tejada y Rubio, hijas del Vizconde del Parque, Fernández Mediero, Marroquí, Jiménez, Vaca, Caballero Mediero y Cisneros.

El escrutinio, celebrado días después, dió el resultado siguiente: Primer premio, a la muñeca presentada por la señorita María Silva Caldeira de Meneses. Segundo, a la aportada por la señorita Luisa Sánchez Pesini. Tercero, a la señorita de Miguel. Cuarto, a la señorita de Bardají, premio de originalidad.

El relato sucinto de lo que fué la exposición de muñecas no es completo, pues éstas, hábilmente colocadas en estudiadas actitudes y en propicios ángulos, no fué cosa fácil ni sencilla; de otra manera hubiera parecido un escaparate, con mayor o menor número de figuras.

Lo destacado de esta exposición fué el soplo de vida con que se animó aquel pedacito de mundo, deliciosamente femenino.

Al llegar al final de esta estampa te pido disculpes, lector amigo, por la minuciosa referencia que me he permitido hacer de la exposición de muñecas, pero creo que ésta, como todas las fiestas en que el arte se alía con lo bello, posee, aún para quienes todas las perspectivas se enfocan ya en verdadera lejanía, la más grata y honda emoción. Y, además, porque el espíritu vela incansable, siempre joven, en una aspiración perenne de alturas, de idealismo y de belleza.

DEDICATORIA

Esta estampa deseo que constituya un sentido recuerdo en memoria de doña Angeles Morán, artífice de la fiesta, en la que preferentemente está inspirada, ya que, a su buen gusto y entusiasmo, se debió el éxito que tuvo, del cual es seguro que recordarán muchas de las distinguidas lectoras que tienen la atención de leerme.

FERIA EN BADAJOZ

(1911)

Completan estas notas las mencionadas en líneas anteriores con respecto a la feria celebrada en Badajoz el año 1911, de las cuales haré mención con la venia de ustedes. Entre los aspectos salientes de la misma, cabe destacar la exposición artística celebrada en el Ateneo, que constituyó un verdadero éxito.

Presentaron varias obras nuestros paisanos Covarsí, Pérez Giménez y Eugenio Hermoso. El primero expuso *Los escopeteros* y el *Padre Prior*, para cuyo cuadro sirvió de modelo el señor Juan Pinto, el viejo perrero de la Catedral.

Eugenio Hermoso presentó sus cuadros titulados *Rosario*, *La peseta*, una cabeza de estudio y un autorretrato, además de varios paisajes.

Expuso Pérez Giménez *Ramito de flores*, *La trata de niña*, propiedad de la Diputación, *Procesión del Rosario* y otras.

Otro aspecto de los días de feria lo constituyó el fútbol. Todavía el deporte estaba en la infancia en Badajoz y era, por tanto, fútbol heroico, en el que los deportistas lo ponían todo, despertando en la juventud la afición al viril juego. Contendieron los dos equipos locales: el Sportin, que vestía jersey negro y pantalón blanco, y ataviado con jersey blanco y pantalón negro aparecía el Comercial.

Constituían el primer equipo Miguel Avila, al que tanto debe el deporte en Badajoz por su afición activa y entusiasmo; Losada, Angel Amor, Hilario Caldito, Manolo García, Rodríguez, Núñez, Baena, Carlos Elías, Morales y Justo Portillo.

Estaba integrado el Comercial por Zamora, Fernández, Jiménez, Suchard Blanco, Vilches, Baldomero García, Martínez, Pereo, Ramos y Paco López.

Al mencionar el fútbol de hace cuarenta años me proporciona la satisfacción de realizar un acto de justicia, recordando a muchos de los aficionados de entonces, en que el deporte era aún casi desconocido. Entre las figuras que recuerdo, aparece el nombre de Miguel Avila, quien merece un destacado enfoque; fué este señor heroico deportista, al que tanto debe la afición de Badajoz por sus desvelos, su desinterés y su constante actividad en el desarrollo de la vida deportiva en la capital.

El, con su personal esfuerzo, secundado por un número de entusiastas aficionados, realizaron en el Campo del Vivero trabajos denodados a fin de acondicionar el área de juego y preparar la totalidad del campo. Miguel Avila puso los cimientos de lo que es hoy magnífico campo de juego y, según competentes deportistas ajenos a la capital, uno de los mejores de España. A su discreta y reiterada gestión, y al mismo tiempo el generoso desprendimiento del Conde de la Torre del Fresno, propietario de la finca, debe la afición de hoy ese soberbio Campo del Vivero.

Sean estas líneas tributo de recuerdo para Miguel Avila, capitán de aquellas falanges deportivas de hace cuarenta años, mecenas pobre que arrostró muchas veces la sátira incomprensiva de quienes siempre están al margen del sacrificio ajeno en defensa de una idea o de un afán, pero del que más tarde se aprovechan todos y nadie agradece.

Como toda feria bien organizada, hubo corrida de toros

la tarde del 14 de Mayo, en la que torearon reses de Contreras Ricardo Torres *Bombita* y Manuel Mejías *Bienvenida*, quienes constituían la crema de aquellos días. En Agosto fueron dos las corridas organizadas. Una novillada el día 14 y corrida de toros la tarde siguiente. La novedad en esta efeméride fué el debut en Badajoz de Joselito, el que fué luego portentoso torero.

La actuación de Joselito constituyó un rotundo triunfo; le acompañaba otro chaval de su misma edad, José Gárate *Limeño*, prematuramente desaparecido.

Recuerdo un gesto del gran maestro que ya era aquel muchacho imberbe en el que mostraba su seguridad y dominio.

Presenciaba la novillada, junto al que os habla, aquel valiente espada madrileño Agustín García *Malla*, al que mató un toro de terrible cornada en una plaza francesa; lo vió Joselito, llevándose el novillo al tercio de plaza frente al que *Malla* presenciaba la corrida.

Cuando Joselito se disponía a matar al novillo, liada la muleta y perfilado frente a la res, miró al tendido y dirigiéndose a *Malla* le dijo con su acento casi infantil:

—¡A ver si es así como se matan los toros!

Y así fué; la estocada hizo morder el polvo al novillo y el diestro recibió una ovación unánime. El diestro madrileño, al pasar Joselito recogiendo aplausos, le dijo:

—Ese es el camino, niño, por ahí se llega.

La tarde siguiente se lidió ganado de Miura por *Moreno de Alcalá*, un torero basto sin asomo de arte pero valentísimo; era natural de Alcalá de Guadaira; con él alternaron *Corchaíto* y *Malla*.

Vive grabado en mi imaginación un momento de aquella tarde. Media verónica con que remató *Malla* uno de los quites que realizó; media verónica tan lenta, ajustada y armoniosa, que jamás creo que se haya vuelto a reproducir ni aún por el propio Belmonte, genial artífice de dicha suerte.

Voy a referir a ustedes un hecho ocurrido el año a que hago mención, en el 27 de Agosto.

Los de mi tiempo recordarán la invasión de bañistas que invadía y que casi cubría la superficie del manso Guadiana. El calor de aquellos veranos era asfixiante y la gente buscaba el fresco ambiente del río. La chiquillería era la más audaz y atrevida y no era raro que cada año el Guadiana produjera más de una víctima.

Dos muchachos, de doce a catorce años, estaban bañándose cerca del Pico, y uno de ellos sintió que las fuerzas le abandonaban, viéndose dominado por la corriente; pidió auxilio al otro chico, que acudió prontamente con idea de salvarle; pero unidos fuertemente se imposibilitaban mutuamente para toda clase de ayuda eficaz, estando ya en trance de hundirse, pues además, dada la hora, apenas había ya bañistas.

Quiso la providencia que un soldado de Gravelinas llamado Bonifacio Borrachero, apercibido de lo que ocurría, corrió presuroso desde la carretera de circunvalación exterior hasta la orilla, descalzándose rápidamente, pero sin despojarse del uniforme, porque el momento era de verdadero apuro. Se lanzó al agua nadando hasta las proximidades del Pico, donde estaba a punto de producirse la tragedia. Aceleradamente corrió, más que nadó, acercándose a los muchachos, a quienes separó bruscamente, cogiendo primero a uno de ellos llevándolo a la orilla y tornando rápidamente en busca del otro, que ya estaba a punto de perecer y a quien también salvó.

Las presuntas víctimas se llamaban Miguel y Manuel Rodríguez, salvados heroicamente de la muerte por el soldado de Gravelinas Bonifacio Borrachero, quien recibió numerosas felicitaciones, siendo gratificado por el Capitán General con 25 pesetas, y con la misma cantidad por el General Gobernador de la Plaza. Se acordó asimismo aguardar los tres meses reglamentarios para solicitar para el heroico militar la Cruz de Beneficencia.

¿Vivirán aún los protagonistas de este sucedido hace más de cuarenta año?

Si llega a ellos el eco de aquel hecho del que fueron actores, es posible que la terrible ansiedad de aquellos instantes traiga a sus pechos un suspiro de satisfacción por la vida recobrada y un recuerdo de imperecedera gratitud para el soldado de Gravelinas Bonifacio Borrachero, al que Dios guió sus pasos hasta el río Guadiana la tarde del 27 de Agosto de 1911.

Una de las fiestas de mayor encanto celebradas tal año fué el baile de Piñata en el Casino. A través de los años, resuena en los oídos de los de antonces aquel alegre eco del Domingo de Piñata con que cerraba el Carnaval su loca existencia.

El Domingo de Piñata era síntesis del reinado de Momo, la despedida, en fin, de unas horas que representaban en el año, lo absurdo, lo audaz y lo desenfadado.

En las sociedades era el Domingo de Piñata el momento cumbre de la animación, se despedía el Carnaval con abierto optimismo; se bailaba incansablemente, y la juventud, ruidosa, parecía que en las breves horas de la noche final de carnestolendas abría la espita de su entusiasmo desbordado con exuberancia de ilusión y de vida.

La noche del Domingo de Piñata de 1911 estuvo extraordinariamente concurrido el salón del Casino, alguna vez recordado en estas estampas, en el que destacaban los magníficos espejos, con su tribuna al fondo para la orquesta, su rica alfombra y espléndidas arañas, y, en fin, su ambiente de rancia aristocracia impuesto por severas figuras que le imprimieron el sello de distinción que dió tono y rango exquisito al Casino.

La originalidad y buen gusto de los disfraces, la elegancia de las damas, que con espléndidos vestidos resplandecían de hermosura, adornadas con ricas joyas; toda la distinguida sociedad, en fin, que allí se dió cita, hicieron de aquella noche un motivo de inolvidables emociones.

No sólo asistió nuestra selecta sociedad pacense, sino que de Portugal recibióse aquella noche espléndida embajada. Bellísimas damas de la vecina ciudad portuguesa honraron con su asistencia los salones del Casino en hermandad de hermosura con nuestras distinguidas damas, en soberbia conjunción de valores estéticos.

Entre otras distinguidas personalidades hallábase el General portugués don José Joaquín Caldeira López con su distinguida esposa, el Secretario general del Gobierno Civil de Portalegre, el Cónsul de España en Elvas, la distinguida familia de Reynolds, de Vasconcellos, señoras de Tierno y de Silva e infinitas más cuyo enunciado haría harto extensa esta evocación, las cuales fueron galantemente atendidas y agasajadas por nuestra distinguida sociedad.

La fiesta fué deliciosamente interesante, transcurriendo en aquel ambiente exquisito en que ni lo absurdo de las horas carnavalescas era capaz de romper el tono distinguido que siempre predominó en el salón del desaparecido salón del Casino.

Del Carnaval bello y luminoso como era el que se desarrollaba en los salones de las distintas Sociedades—fastuosos disfraces, rasos y sedas, policromía deslumbradora y enervantes perfumes, quedan en el recuerdo de quienes presenciaron fiesta como la mencionada la emoción inolvidable de las horas que pasaron; horas ilusionadas de las que fueron cómplices el encanto de la sala—, ascua viva de luz, los compases de la orquesta en la interpretación de aquellos valses románticos y los duendes inquietos y traicioneros que, ocultos en los ojos de aquellas muchachas en flor, dejaban fluir misterioso el hechizo de su divina feminidad.

EN UNA FERIA DE MAYO

En la feria celebrada en Mayo de 1911 hubo varias facetas interesantes. Se conmemoraba el primer aniversario de la Guerra de la Independencia, pensándose celebrar diversos actos en el vecino pueblo en que tuvo lugar la célebre batalla, a cuyo fin llegaron Jefes y Oficiales de los regimientos de infantería y caballería que ostentaban el glorioso nombre de La Albuera.

Dióse la desagradable circunstancia de haberse desarrollado aquellos días una epidemia de difteria en La Albuera, por cuya causa, al ser informado el Ministro, ordenó la suspensión de la visita a dicho pueblo de las fuerzas militares que habrían de tomar parte en dichos actos en conmemoración de la batalla.

En la orden de la Plaza del día 14 de Mayo, se ordenaba la realización de una gran parada en Badajoz, en la que tomaran parte las fuerzas de la guarnición. Tuvo lugar este vistoso hecho en los glacis de Puerta del Pilar, donde por entonces aprendían la instrucción los reclutas de Castilla, precisamente en el área ocupada actualmente por los edificios de Santa Marina.

Se dijo una misa de campaña, oficiada por el Capellán de Gravelinas, don Rafael Moya Fernández de la Basterra. El General y su Estado Mayor se situaron durante el desfile en la escalinata de la Memoria. Las fuerzas eran mandadas por el

General de la Brigada, don Domingo Recio Martínez, acompañado de los Capitanes de Estado Mayor, señores Luque y Guerra, desfilando con traje de campaña, pantalón de lienzo, guerrera de paño, botín polaina, zapato y morral; las fuerzas montadas asistieron con todo su equipo.

Después del desfile se celebró en honor de los Jefes y Oficiales de los regimientos de La Albuera un banquete en el Casino, en el que hablaron, entre otros, el Coronel del regimiento de caballería, don Juan Piqué; el Coronel de Castilla, don Vicente Ambel; el Presidente de la Audiencia y don Jacinto Benavente, al que se invitó, aprovechando su visita a Badajoz, donde habría de asistir a los Juegos Florales organizados por el Ateneo, de los cuales fué nombrado Mantenedor.

Don Jacinto llegó a Badajoz el día 15, hospedándose en el palacio del Conde de la Torre del Fresno, acompañándole en su viaje a nuestra ciudad el escritor Paco Viú, que a su vez fué huesped de don Enrique Segura.

Los Juegos Florales estuvieron soberbiamente organizados, como era costumbre en fiesta de arte y poesía—tuvieron lugar en la tarde del 17 de Mayo en el teatro López de Ayala, a las cuatro de la tarde—, la sala del hermoso coliseo ofrecía brillántísimo aspecto, espléndidamenie iluminada.

El patio de butacas aparecía adornado con triples guirnaldas en plateas, palcos y palcos principales. En los antepechos de estas localidades aparecían bellísimas señoritas y elegantes y distinguidas damas; puede afirmarse, sin temor a incurrir en error, que la aglomeración fué extraordinaria, pues en referidas localidades de preferencia se apiñaban numerosas personas, igual que ocurría en las butacas, en que hubo que acomodar asientos supletorios.

El escenario era asimismo un exponente de suntuosidad y buen gusto, ostentando un bello y elegante decorado, en el que pusieron su interés y acierto artístico don Ventura

Vaca, don Adelardo Covarsí y don José Rebollo. Cerrado por lujosa decoración, destacaba en el fondo soberbio trono de flores y luz, sobre el que habría de situarse la Reina de la fiesta y su Corte de Amor.

A la derecha del trono tomaron asiento los Gobernadores civil y militar, representaciones eclesiásticas, Presidente de la Audiencia, Alcalde, Fiscal de S. M. y, tras estas autoridades, nutrida representación del Ejército.

A la izquierda de la mesa presidencial hallábanse la Junta del Ateneo, representada por el Vocal don Mario González de Segovia, en funciones de Presidente; el Secretario, don Enrique Segura, y el Tesorero, don Mariano Larios. Destacaba en el extremo derecha una tribuna en la que se situó el Mantenedor, don Jacinto Benavente.

Entre las distinguidas personalidades que tomaron asiento en el escenario, encontrábanse el muy ilustre señor Vicario, don Mariano Gamero; Gobernador civil, señor Martínez del Rincón; General Macón; Director del Instituto, don Saturnino Liso; de la Normal de Maestros, don Rafael Morales; Coroneles de Castilla y Gravelinas, señores Ambel y Romera, respectivamente, y asimismo el de Villarrobledo, señor Ampudia; Ingeniero Jefe de Obras Públicas, señor Martínez; Coroneles de caballería e infantería de los regimientos Albuera; Jefes de las Comandancias militares y de la Zona; representaciones del Cabildo Catedral, y Presidentes del Casino y del Ateneo, señores Giménez Cierva y López Moreno.

Se inició la fiesta abriéndose la plica correspondiente al trabajo laureado con la Flor Natural, leyendo el Secretario, señor Segura, el nombre del poeta premiado, don Luis Bardají López, oyéndose grandes aplausos al ser conocido el autor del trabajo galardonado.

Por el señor Secretario se indicó al señor Bardají nombrara, a su vez, Reina de los Juegos.

El señor Bardají, emocionado ante el homenaje de aplausos que estallaron en su honor, pronunció el nombre de la señorita María de Miguel Martínez. Poco después, acompañado de un grupo de jóvenes, que conducirían al estrado a las señoritas que compondrían la Corte de Amor, invitó a la elegida Soberana, y a los acordes de la Marcha Real y en medio de atronadores aplausos, ascendió al estrado del brazo del señor Bardají. La bella señorita de Miguel ocupó su trono, e igual la Corte de Amor, compuesta por las señoritas Angeles Orio-Zabala Gragera, Dolores Montenegro Jiménez, Cecilia Moreno de Arteaga, Vicenta Boza Moreno, Ana Martínez del Rincón, Dolores Navarro Boceta, Consuelo Algora Pérez, Ventura Martínez Muñoz, Consuelo Vázquez Torres, Carmen García de Rozas, Carmen González Calderón, Isabel Martínez Cisneros y María Amelia Cayuela.

Instalada la Reina en su trono, el Gobernador civil, señor Martínez del Rincón, saludó a la Soberana, haciéndole entrega, en nombre del Rey Alfonso XIII, de la Flor Natural, valiosa joya de oro regalo de S. M., pronunciando breves, pero sentidas frases. Seguidamente la señorita de Miguel colocó dicha Flor Natural en el pecho del poeta premiado señor Bardají, leyendo a continuación la poesía premiada don Jacinto Benavente, que puso en la lectura sus mejores acentos ante la belleza de la *Trova de Amor*, título de la poesía galardonada.

Olvidábamos decir en momento oportuno que asistieron las niñas María Rincón y María Jesús de Miguel como pajes de la lucida corte.

Se repartieron a continuación los diferentes premios acordados, en los que sobresalió el concedido por el Vizconde del Parque, que debía entregarse al descendiente del soldado de La Albuera que más alta recompensa hubiera obtenido luchando en la batalla del mismo nombre, siempre que hubiera servido en filas o, en su defecto, al que lo alcanzara en las últimas campañas coloniales o en Africa.

Por estos méritos le fué concedido dicho premio a Pedro Cintas, cabo, ya licenciado, que en la actualidad era Peón caminero en la caseta de Malagamba, en la carretera de Sevilla.

Su comportamiento en la guerra de Cuba fué heroico; lucía en su pecho once cruces de plata del Mérito Militar, rojas tres de ellas, premiadas por su bravura en los sesenta y cinco combates en los que tomó parte, sufriendo en ellos tres graves heridas.

El público, conmovido ante el héroe, que se presentó con el uniforme militar, le tributó prolongada ovación.

Seguidamente, don Jacinto leyó un magnífico trabajo que produjo general entusiasmo.

Después de la celebración de los Juegos Florales se verificó un brillantísimo desfile, dirigiéndose al Casino, en cuyo bello y amplio salón se celebró un baile de sociedad que resultó animadísimo.

Por la noche, con el teatro invadido por la mejor sociedad, se celebró una función en honor de don Jacinto Benavente. Se representó el *Cuento inmoral*, en el que tuvo acertadísima intervención Andrés López Barreto, que fué muy aplaudido.

La Junta de Festejos se reunió para tomar acuerdos acerca de la realización de la feria, a la que, como ya hemos manifestado, se pensaba darle el mayor atractivo. A iniciativa del señor Medina, se acordó celebrar durante la feria una fiesta de aviación, idea que fué aceptada con entusiasmo. Días después volvió a reunirse dicha Junta directiva, presidida por el Alcalde, señor Galache Hoyuelos, con asistencia de los señores Martínez, de la Oliva, Moreno, Medina, Carrillo, Osorio y Martínez de la Riva, acordándose conceder, como subvención, la cantidad de 2.000 pesetas para gastos del programa de aviación, encomendándose a don Demetrio Medina las gestiones pertinentes para ofrecer al público tan sugestivo número.

También acordó dicha Junta colocar alumbrado de acetileno en la carretera de Portugal hasta el real de la feria.

Porque ello es curioso y ofrece detalles interesantes, copiamos el programa que se repartió con tal motivo:

«Durante los días 13 y 16 de Mayo, con motivo de la renombrada feria de esta capital y en conmemoración del primer centenario de la batalla de La Albuera, se celebrarán dos fiestas de aviación, organizadas por el Club de Fútbol y patrocinadas por la Sociedad de Festejos. Se disputarán una artística copa, donada por esta última Sociedad, los célebres aviadores don Benito F. Loygorri Pimentel, con título de aviador, expedido por el Aéreo Club de España, primer y único piloto que ha realizado la travesía de Madrid en aeroplano, y Joaquín Mauvais, con carnet número 144, expedido por el Aéreo Club de Francia, que ha efectuado varios viajes, siendo los primeros en su género.

El señor Loygorri hará ascensiones con su biplano Farman, motor Gueme, de 50 caballos, igual modelo que los adoptados por el Ejército español, y el señor Mauvais con su biplano Somme, provisto de igual motor que el anterior.

La copa será adjudicada al piloto que más tiempo permanezca en el aire sin aterrizar y al que se eleve a mayor altura en cualquiera de los vuelos.

Las fiestas se celebrarán en la finca de Palomas, para lo cual ha sido convenientemente arreglado el terreno, con alambres interiores y exteriores, ofreciéndose así toda clase de facilidades y comodidades para el público, y darán principio a las cinco de la tarde de cada uno de los días 13 y 16.

Precio de las localidades: Alrededor de la pista, 3 pesetas; asiento de banqueta, 3 pesetas; entrada general ordinaria, 1 peseta; entrada para automóviles y carruajes, 5 pesetas.»

El día 7, que coincidió en domingo, hubo mucho público en la estación del ferrocarril, presenciando cómo los mecánicos del señor Mauvais descargaban el aeroplano de aquel aviador, desde el vagón que lo había conducido a Badajoz.

En cuanto al de Benito Loygorri, se dijo que vendría por el aire y esto despertó la mayor expectación, pero todo quedó en eso.

La aviación, que entonces se hallaba en sus primeros momentos, despertaba en todos profunda admiración, por lo que el anuncio de las fiestas, en las que intervendrían dos figuras de la entonces incipiente aviación, produjo gran contento, ya que para nosotros, replegados en la paz de nuestro pueblo, el hecho de ver surcar los aires tenía mucho de extraordinario, casi milagroso.

El día 14, fijado para la celebración de la fiesta, amaneció nublado y frío, con tendencia a llover. La Comisión de Festejos dispuso, para conocimiento del público, que los vuelos se verificarían en caso de permitirlo el tiempo, para lo cual se izaría una bandera encarnada en la plaza de San Juan y otra en el campo de feria.

En caso de que la inseguridad se acentuase, serían sustituídas las banderas por otras de color verde, y de ser suspendida, ondearía una bandera blanca; y como el tiempo fué empeorando a momentos, hubo de ser suspendida la fiesta, no obstante encontrarse el campo lleno de público. El 18, no obstante amenazador el tiempo, iniciaron los vuelos ambos aviadores, teniendo que suspenderlos por acentuarse la lluvia, contrariando con ello al público allí congregado.

Al fin, el 21, Mauvais se elevó, sosteniéndose en el aire nueve minutos a buena altura. Seguidamente Loygorri realizó una ascensión de quince minutos, cruzando el río y el castillo, para aterrizar en el mismo lugar de despegue. Los aplausos entusiastas de los espectadores no cesaban, asombrados de la intrépida prueba...

¡Lejanos días aquellos de los primeros vuelos sobre el cielo de Badajoz, por dos audaces y heroicos aviadores, que nos asombraron con un vuelo de unos minutos...!

No es preciso manifestar la cantidad de elogiosos comentarios que despertaron estas incipientes demostraciones de dominio aéreo. Hoy, a través de los años, quizá el recuerdo de aquellos actos, que entonces eran realmente extraordinarios, despierten una sonrisa de irónica admiración por los aviadores de antaño.

Debemos gratitud a los precursores de la moderna aviación, quienes sacrificaron sus vidas buscando perfección y seguridad en los aparatos, con generoso desprendimiento, digno del más respetuoso y devocional recuerdo.

EL CASINO

Después de publicadas las leyes de desamortización, la parte enajenable perteneciente al convento de Santa Catalina fué adquirida por don Manuel Villarroel de la Estrella, procedente de Barcarrota, en el año 1835, en cuyo solar edificó la casa que hoy es Casino de Badajoz.

A espaldas de citado inmueble se construyeron graneros y otras dependencias, e instalación de un molino de aceite, que aún funcionaba en 1885, en cuyo año fué fundada la Sociedad, por traslado de su antiguo local, situado en la calle de San Juan, en los altos de La Paloma, que ciertamente contaba con gran cantidad de socios de las más distinguidas familias de la localidad.

El traslado produjo cierta tirantez entre la Sociedad y el propietario del inmueble don Manuel Benito, por negarse este señor a autorizar la retirada de los decorados de algunas dependencias; pero estas minúsculas circunstancias fueron fácilmente allanadas y todo se resolvió en buena armonía.

Se verificaron varias reuniones en el nuevo local para la constitución de la Junta directiva y redacción de los reglamentos por los que habría de regirse la nueva Sociedad, nombrándose una mesa de edad para orientar las discusiones, compuesta por don Manuel Cervera, don Arcadio Albarrán y don Luis Rivera, designándose la Junta directi va en la que figuraban don Isidoro Romero y don Narciso Vázquez Lemus.

Perfilada ya la marcha de la Sociedad, se acordó celebrar la primer velada la noche del 12 de Junio en el patio central, ya desaparecido.

Comenzó la fiesta a las nueve de la noche, finalizando a la una de la mañana, asistiendo los socios de rigurosa etiqueta, actuando el cuarteto que dirigía el maestro Reparaz, interpretando las fantasías de *Fausto* y del *Trovador*, una melodía de Weber y una pavana de Molina.

No es preciso decir que a ésta velada inaugural del Casino asistieron numerosas familias, que aquella noche honraron los salones de la naciente Sociedad.

Guardo del viejo Casino en los momentos de redactar éstas líneas, en plena construcción, los mejores recuerdos de mi vida.

Allí transcurrieron algunos años de mi niñez y quizá, por un anticipado sentimiento de observación, en el que no hay nada de prodigio, pude captar muchas, muchísimas facetas de aquel vivir de la sociedad de entonces, que hoy, después de haber traspasado los límites de la última juventud, llegan a mi memoria, desgranándose como un rosario de recuerdos, y en éstos, las horas lejanas que retornan al rescoldo de la evocación.

Traen prendidos en sus ecos el agridulce de lo que fué, sobre todo, si aquello logró quedar en nosotros una huella amable y profunda.

Las fiestas eran, sobre todo, las que mayor matiz daban a mi curiosa atención. La escalera de acceso al principal tenía para mí gran encanto: en noches de baile—noches de gala eran en realidad todas las fiestas del Casino—, desde el pasillo fronterizo veía ascender, rozando apenas la hermosa alfombra, aquellas figuras que constituían la buena sociedad de principios de siglo, cuya ostentación inundaba de fantasía mi infantil cerebro.

Las damas presentábanse suntuosamente ataviadas, fulgiendo sobre la blanquísima carne valiosas joyas. Eran de verdadera elegancia los ricos vestidos, confeccionados, en su mayoría, por notables modistas; aquellas modistas excelentes que eran de La Granadina: Isidora Gómez, Bruna, la dè Mendo, etc., etc., que epataban y superaban por su magnífica realización a las importadas creaciones de los más afamados modistos parisinos.

Acompañábanlas los caballeros, en los que se destacaban las nítidas pecheras almidonadas, el impecable porte de los fraques, correctos, distinguidos y elegantes.

Toda una corte selecta, en fin, verdaderamente pulcra, de la que yo recuerdo perfecta e indeleblemente, con sus nombres, efigies y hasta con el metal de sus voces; voces que, por otra parte, jamás pasaban del término discreto, impuesto por el tono elegante del medio ambiente. En la tribuna situábase la orquesta, en la que figuraba don Rafael Tejado, verdadero virtuoso del violín, querido e inolvidable maestro de mi ya olvidada iniciación musical; Pepe Cerezo, Viera, Antoñito Sánchez, magníficos y auténticos profesores violinistas; Antonio Gómez, flauta, de cuyo arte y ejecución no sería suficiente el espacio de esta estampa para cantar su maestría y delicadeza; Torres, contrabajo, y don Manuel González Correa, igualmente competentísimo, notable conjunto que animaba las soberbias noches de baile.

Desde aquella tribuna observaba yo, absorto de emoción, llenos de luz mis ojos, cómo diluía su serena alegría aquella juventud, jamás ruidosa ni bullanguera, pagada de rígidos principios, sin la menor tolerancia con lo chabacano e inelegante, que bailaba con aquella natural distinción, ritmo hecho belleza y euritmia. Lamentables modernismos musicales invadieron después los salones con bailes exóticos, que durante algunos años dominaron las preferencias de las gentes.

Acaso de ésto no sea culpable la juventud actual, porque en realidad ha sido vencido el verdadero arte por ritmos absurdos, deformadores de aquella línea bella que impusieron, en perfecta colaboración, las mocedades de ayer, con el romanticismo deliciosamente emotivo de los valses de Walteuffel, Franz-Lehar y Linken, pasando por los bailables de *Fausto* y *La Gioconda* y los prodigiosamente adorables del mago inmortal Joan Strauss.

Aquel viejo salón, ¡qué bonito era con sus magníficos espejos, frente a los cuales desfiló aquella sociedad del 900, severísima de principios, obstinadamente parca a cuanto no fuera objeto de selección! Poseía aquel salón inconfundible sello de distinción y elegancia, que en los atisbos y elucubraciones de mi imaginación, me hacían recordar aquellos salones de las mansiones señoriales, descritas por los novelistas, que ya empezaba a conocer, o por los cronistas de sociedad, Kasabal, Saint Aubin, Montecristo y cuantos ofrecían a los lectores aquel mundo elegante, inaccesible para la mayoría, que, sin embargo, sin odio de clases, gustaba saborear la referencia de la vida suntuosa y exquisita.

Alguna vez he mencionado la sensación enervante que producían aquellos riquísimos perfumes, jamás evaporados del salón de baile y que parecían diluídos perennemente en el ámbito de la sala; perfumes que percibe el olfato con la misma sensación de delicia de entonces, igual que sentimos la nostalgia de un verso o la cadencia de un ritmo lejano e inolvidable...

Llegan a mi imaginación algunas figuras que en los bailes del Casino eran objeto de admiración, por su impecable línea estética en el vals, especialmente. Recuerdo a mi excelente amigo don Enrique Segura, joven Teniente entonces del regimiento de Castilla, y a otro muchacho apellidado

Cuesta. creo que funcionario de Hacienda, atildados ambos, elegantes, con sus lentes de montura de oro, su sedosa barba rubia este último, que habitualmente bailaban con las mismas señoritas, una de las cuales era Piedad Ger, ágil, flexible, casi alada, y otra, Matilde Ruiz Mira, bella muchacha, seria y gentil, que pasó rápidamente por la vida.

La juventud de entonces era un poco tímida e irresoluta para el baile, y ocurría muchas veces que los citadcs Segura y Cuesta eran los únicos que se atrevían a deslizarse por el salón. En cambio, en los rigodones, cotillón y lanceros, tomaban parte numerosas parejas.

Durante la temporada estival, los bailes se celebraban en el patio, del que desaparecía una mampara del pasillo, que obstaculizaba la visión del mismo desde la calle; esta mampara, pintada al óleo, era obra de Leonardo Rubio, notable pintor, y representaba una bella espigadora en paisaje extremeño.

Igualmente desaparecía del centro un amplio velador de mármol, colocándose una gran alfombra; sacábanse los divanes del billar con sus fundas de paño, distribuídos alrededor del patio bajo los arcos del pasillo. En éste, frente al billar, se situaba la orquesta.

Esta ornamentación era realmente sencilla, y, si se quiere, modesta, pero de ella se desprendía esa inconfundible prestancia que se escapa, incluso, de los harapos que tuvieron cuna, brillaron y mostraron siempre su elegancia y señorío.

Muchas noches el patio del Casino se consagraba al arte, y en él escuchamos magníficos conciertos. Allí sonaron las voces espléndidas de aquellas notabilísimas cantantes que fueron Agustina Alba, señoras de Fernández de Molina y de Padura, Carmen Durán, Consuelito Díaz, Concha Jiménez, Consuelo Díaz, Joaquina Rincón, Estéfana Jiménez y tantas otras; voces en su mayor número extintas para siempre, pero que aún me parece oír melodiosas y lejanas.

¿Cómo no recordar aquellos fastuosos bailes infantiles, verdadero alarde de buen gusto, de riqueza y brillantez?

Existía secreta, pero verdadera rivalidad, en la confección de disfraces para los niños, quienes por intuición, quiza, asimilaban el personaje histórico de que iban revestidos. Aquellos lindos pajecillos, maravillosamente envueltos en sus trajes apropiados, personajes del ochocientos, damitas ricamente ataviadas, semejaba todo un mundo pequeño, bellísimamente evocado por aquella grey infantil, verdadera corte de regios, minúsculos personajes, que atravesaban la ciudad en dirección al Casino, dejando tras de sí una estela de simpatía y admiración.

Invadían el salón de baile, y, en realidad, aquel cuadro tenía maravilloso encanto, pues transportaba la imaginación a ese sublime paraíso de fantasía, tantas veces soñado.

Los que logramos presenciar estos tradicionales bailes infantiles, podemos afirmar que vimos uno de los cuadros más luminosos y bellos de nuestra vida, porque en ellos, en cada casa, se estudiaba hasta en sus más mínimos detalles la confección y propiedad de los disfraces, con tanto mimo y ternura, como si constituyera el primer vestido de sociedad de la señorita de la casa o el primer traje de etiqueta del jovencito, que hace su debut en el baile a que ha sido invitado.

Además, el Casino preparaba para estos bailes infantiles un verdadero tesoro de rica y complicada juguetería, profusamente repartida, la cual constituía verdadero alarde de buen gusto y el más grande incentivo para los mismos.

Todo pasó ya, y, quizás, si algunos de los distinguidos lectores fueron actores en los bailes infantiles de aquellos días, recordarán este momento, las bellas horas allí transcurridas en aquella irreal corte palatina, pero auténtica de belleza y colorido.

DUELO ORATORIO

Otras veces, el patio ofrecía distinta visión: lucha dialéctica, música de frases diluidas en cascadas de ideas hechas verbo, sostenidas de mecedora a mecedora por dos jóvenes Letrados, don Luis Bardají y don Antonio Teixeira, artistas de bien decir, que llegaban a Badajoz con inmenso bagaje de cultura e ilusiones.

Elegían para estos torneos la hora mansa de los dulces atardeceres del verano, cuando en el plácido vivir de aquellos días, el Casino quedaba ya a las nueve de la noche en absoluto silencio. Era la hora magnífica y tranquila que embellecían y perfumaban los hermosos jazmineros del Palacio Episcopal, impregnando y saturando el ambiente del patio con deliciosos efluvios. ¡Cómo quedan en el recuerdo estas emociones, y con qué placer se abandona la imaginación al fervoroso culto por las cosas del pasado!

Con verdadera exaltación admirativa, recuerdo las polémicas sostenidas diariamenle por aquellos dos hombres de leyes, que ellos desarrollaban en un florido juego de cadencias y ritmos, más en el aspecto romántico e idealista que con la severidad jurídica profesional.

¡Cuánto ardor, cuánta pasión en los diarios temas allí expresados, en que el patio del Casino más parecía aula magna, gradas de foro o severo salón de sesiones en el que se libraran reñidos combates tribunicios!

Aquellas dos grandes figuras, que más tarde brillaron con luz poderosa, apenas tenían auditorio. Como antes decía, era ya la hora tranquila de la tarde. De ordinario, ambos Letrados dirimían en la soledad del patio, embellecido por varios macetones con esbeltas palmeras, interesantísimas polémicas. El autor de estas estampas era, acaso, el único que asistía, asombrado, deslumbrado más bien ante aquel verbo magnífico que envolvía de entusiasmo mi infantil curiosidad, incansable y ambiciosa.

Y muchas veces, en el curso de los días, en esos soliloquios del hombre, al que hicieron un poco huraño y retraído los contrastes y contraluces de la existencia, me parece aún ver a Bardají y Teixeira, jóvenes aún, impetuosos, expresando en cataratas de imágenes el tema elegido, invadiendo el ámbito del patio de frases sonoras, ritmos e ideas, que para mí, sencillo e infantil espectador y oyente, tenía igual aroma, idéntica delicia, que el olor inolvidable de aquellos floridos jazmineros del frontero Palacio Episcopal.

Mediadas las mañanas del verano, el patio del Casino tenía bello aspecto con el sombreado que producía el toldo corrido, quedando en un semitono de luz sedante, amable y confidencial.

En aquellos días, durante la mañana, apenas asistía público. La única o más destacada tertulia que se formalizaba en el patio, aquel patio que más que de un Casino parecía, y así lo fué, el de una casa particular, estaba constituída por los diarios contertulios Conde de la Torre del Fresno, general Macón y sus ayudantes Iglesias y Cobos, el Coronel don Aniceto Jiménez y los señores Cuéllar, Ambel y Romera, entonces Tenientes Coroneles si no estoy desorientado.

Allí sostenían comentarios de los sucesos candentes, no sólo los puramente locales, sino los de orden nacional. Allí supimos, siendo muy niño, el levantamiento de la morisca en Melilla, en el año 1893; el ataque a Cabrerizas Altas, con la heroica muerte del general Margallo, extremeño, hijo de Alcuéscar (Cáceres), cuyo fin invadió de tristeza a España entera. Aquel era el primer aldabonazo con que la tragedia llamaba a España.

Dos años más tarde, Cuba y Filipinas despertaron en toda el área de la nación vibrante grito de guerra. Muchos de los contertulios del patio, e infinitos de la guarnición de la plaza, partieron a defender el honor de España en las lejanas Antillas. Un año después, y así varios más, veíamos llegar al Casino soldados repatriados de la campaña. Unos, la mayoría, llegaban enfermos, consumidos por la fiebre, destrozados los uniformes de rayadillo, casi descalzos, raídas las mantas y destrozados igualmente los sombreros de panamá (jipi), con que se tocaban. Acudían al Casino, donde se les proporcionaban socorros del producto obtenido en funciones benéficas, corridas de toros, etc., etc.

Las dependencias del piso principal del Casino tenían diferente destino, uno de los cuales era el de distraer los ocios de muchos que allí entretenían su vida en la absurda abstración de esperar que el giro de una bolita marcara su destino. Allí, en alguna de aquellas salas, quedaron sepultadas muchas fortunas, que por el mágico azar de la ruleta, en sus misteriosos designios, pasaron a poder de otros ociosos, cuyos finales, en resumen, lo corriente en esa clase de entretenimiento: arrepentimiento tardío en los que pierden y efímera satisfacción en los afortunados, quienes, inexorablemente, devuelven un poco ampliadas las ganancias obtenidas en un fatal instante de suerte.

Una de las dependencias de mayor prestigio del Casino la constituía la que la gente dió en llamar el Senado. Esta sala era lo suficientemente amplia para que en ella tuvieran su diaria tertulia distinguidas personalidades de la ciudad, que allí dejaban deslizarse las horas entre sorbos de café, envueltos en las azules volutas de los cigarros.

Yo recuerdo, entre los habituales contertulios de la citada sala, a don Francisco Páez de la Cadena, don Manuel Saavedra, don Luis y don Roque Méndez, los hermanos Vara, don Emilio Macías; su sobrino, el poeta extremeño don José Díaz Macías, don Rogelio Fernández Alcobendas, don Ricardo Carapeto Zambrano, don Enrique García de la Rosa, don Ricardo Beaumont, don Valeriano Ordóñez, culto periodista; el Coronel don Tulio Agudo, el poeta Adolfo Vargas, ocurrente y exquisito; don Cayetano Rodríguez Medina y don Enrique González Carrillo, Coronel de la Guardia civil, que endulzaba la tristeza de su ceguera en esta tertulia, de la que no era simple oyente, sino que en ella tenía frecuentes intervenciones.

Estos señores tenían destacada personalidad en actividades diversas, y, naturalmente, aparte del corriente comentario de la vida local, se deslizaban discusiones de todo carácter, particularmente de las que afectaban a cada uno de ellos. Y así, la mayor parte de los días, el campo constituía tema preferente, ya que la mayoría eran propietarios de fincas rústicas, directamente explotadas, y cada uno de ellos emitía opiniones, consejos, consecuencias, etc., etc.

La tertulia de aquel Senado era siempre interesante. La presidía por indiscutible derecho de prestigio y serenidad, don Francisco Páez de la Cadena, voz autorizada, predominante e irrefutable.

Los años fueron, en su implacable labor destructora, haciendo desaparecer a cada uno de aquellos señores citados, y de ellos nada queda: sólo este humilde eco que acabo de sentir en latido de evocación, quizá desprendido de esos viejos muros que acaban de ser abatidos recientemente para elevar el nuevo edificio, que ya se alza y que era imprescindible en Badajoz, dada su amplitud y categoría.

Toda una historia interesantísima del Badajoz de ayer, del Badajoz destacado de entonces, ha quedado sepultada entre los cimientos del nuevo edificio que vemos alzarse en magnífica perspectiva.

Yo deseo que la tradición que ha hecho imborrable el recuerdo del viejo caserón, para quienes en él conocieron lo más selecto y exquisito de aquellas lejanas horas en que florecía este 900 extraordinario, siga firme en el no interrumpido rumbo, prestigiando como siempre el tono de distinción que señoreó altivo la vida del viejo e inolvidable Casino.

TEATRO LÓPEZ DE AYALA

Existía en Badajoz, en el paseo de San Juan, esquina a Moreno Nieto, un antiguo coliseo que llevaba por título teatro Principal, por cuyo escenario desfilaron la mayor parte de las notabilidades teatrales de la época en el último cuarto del siglo XIX.

Notables compañías de ópera, que cruzaban la ciudad en dirección a Oporto o Lisboa o bien procedentes de estas poblaciones, hacían escala en Badajoz, y a esta circunstancia se debía que el público de aquellos días pudiera escuchar a famosos cantantes.

El edificio en que se hallaba instalado el referido teatro fué anteriormente hospital de la Piedad, establecimiento que dió por terminada su misión de caridad al refundirse, con otros hospitales que funcionaban en Badajoz, en el de San Sebastián.

Un respetable y buen amigo nuestro, ya desaparecido hace años, nos hacía referencia de la vida de entonces, manifestando las molestias que proporcionaba la asistencia al teatro Principal por falta de luz en las calles, pues las farolas eran insuficientes para orientar al vecindario. Nos decía aquel señor, por haberlo oido a sus padres, que en muchos casos se reunían varias familias domiciliadas en el mismo sector, a las que recogía y acompañaba un serviciario portando un farol, pues de otra forma, no es que fuera imposible la asistencia a los espectáculos celebrados en el Principal, pero sí desagradable y poco fácil.

El Ayuntamiento, entre otros acuerdos, consideró oportuna la creación de un coliseo que tuviera más capacidad, a cuyo fin comenzaron los trabajos preliminares.

Se sacaron a subasta las obras en el año 1861, en que comenzaron, interrumpiéndose durante varios años, durante los cuales se ofrecieron infinitas dificultades, que difícilmente fueron salvadas. Al fin, en 1881, pudo verse elevado el teatro López de Ayala.

En el espacio que este edificio ocupa, existía un pequeño grupo de modestas viviendas, en una de las cuales estaba instalado el cuartel de la Guardia civil y próxima una Escuela de párvulos. En la parte correspondiente al paseo, y frente al grupo escolar, aparecían varias casas de dudosa vecindad, circunstancia que, unida al deplorable pavimento que hacía intransitable el paso, contribuía a que aquellos sitios se vieran abandonados por el público.

En el sitio que ocupan las escuelas y el edificio de Correos y Telégrafos no existían sino piedras y jaramagos. Allí se construían los rediles de los borregos en la Pascua de Resurección—La Aleluya—, eterna ilusión de los niños de todas las épocas.

Más tarde, estos sitios fueron convertidos en bosque de eucaliptus, transformándose en bello lugar aislado al que el público dió en conocer por Paseo de las Viudas. En la Plaza de Minayo, en la que aún no se había erigido la estatua de Moreno Nieto, el pavimento era detestable, lleno de barrancos y pedruscos, haciendo molesto el cruce por dicha plaza.

Hasta tal punto era difícil atravesar por aquellos sitios, sobre todo en días de lluvia, que según el cronista de quien tomamos estos informes, en una de las primeras noches de función, recién estrenado el teatro, hubieron de salvar los espectadores el paso desde la calle por unas tablas colocadas a manera de puente, dado el enorme barrizal acumulado en la calle.

La inauguración se efectuó la noche del 30 de Octubre de 1886, poniéndose en escena *Campanone*, por la compañía en la que figuraban, como Director artístico, don Ricardo Simó, y los Maestros directores y concertadores, don Enrique Liñán y don Federico Reparaz.

Las tiples de la citada compañía eran Enriqueta Toda, Eulalia González y Matilde Rubio. Figuraba como tiple cómica, Eloísa Echevarría, y de característica, Purificación Contreras.

Era tenor de aquel elenco, Juan Beltrami; barítono, Joaquín Vázquez, y bajo cantante, Mariano Guzmán, constituyendo el resto de la compañía numeroso conjunto, coros, segundas partes, etc., etc. El precio de las localidades fué de 6'50 palcos y plateas, más 1'10 de la entrada. La butaca costaba 1'50 por abono y 2'25 en taquilla.

Se abrió un abono por ochenta funciones, que fué cubierto, pues el repertorio estaba constituído por las obras de más interés.

Si se juzgara por el resultado obtenido la noche de inauguración, habría que reconocer que fué un fracaso, sobre todo en la organización, que estuvo descuidadísima por falta de atención en la empresa, que no supo salvar las deficiencias que desde el primer momento se presentaron.

La aglomeración fué grande, y las mayores dificultades se registraron en las localidades de anfiteatro y paraíso, en las que la falta de luces impedía orientarse; por otra parte, los acomodadores desconocían su misión, y todo esto motivaba generales protestas, que no cesaron durante toda la noche, por cuya causa la inauguración del teatro pasó totalmente inadvertida.

En cambio, la noche siguiente aparecieron subsanadas la

mayor parte de las deficiencias citadas, y la representación de *Jugar con fuego* fué escuchada con toda atención.

Dió fin la compañía, que estrenó el teatro López de Ayala, la noche del 22 de Febrero, durante cuya temporada fueron repetidas pocas obras de las que figuraban en aquel vasto repertorio.

Desde la noche del 30 de Octubre de 1886, hasta la tarde del 14 de Agosto de 1936, en que fué consumido por las llamas, el teatro López de Ayala tuvo fecunda y gloriosa existencia. Durante los años de actividad artística pasaron por su magnífico escenario las más prestigiosa figuras del arte lírico y dramático.

Las voces mejor timbradas, Mila Kuffer, Emma Nevada, María Galvany, María Marco, Amelia Valle, Eva y Estrella López, Antonia Arrieta y tantas otras cuyos nombres no llegan ahora a mi imaginación, prendieron en la maravillosa acústica de aquel inolvidable coliseo.

Comediantes del más puro linaje artístico como Antonia Contreras, Julia Cirera, doña María Guerrero, Rosario Pino, Rafaelita Abadía, Matilde Moreno, Mimí Aguglia, Juan Beltrami, Antonio Vico, Fernando Díaz de Mendoza, Ernesto Vilches, Tallaví, Thuiller, Simó Raso, Ricardo Puga, Fernando Porredón, don Pablo y don Andrés López, e infinitos más, que dieron al teatro español el más señero brío artístico.

En distintas facetas de arte, bella policromía de los flamencos faralaes, pasearon su gracia por el hermoso escenario la gentileza soberana de *Pastora Imperio*, toda euritmia en sus líneas y perfiles; la infinita gracia sevillana de Amalia Molina, que nos ofreció su espectáculo maravilloso, en el que mostraba la magnífica colección de mantones de Manila, orgía de sedas verdaderamente asombrosa; la gentilísima *Argentinita*, la exquisita Aurora Jauffret *La Goya*, que aportó valores nuevos al arte del couplet, transformándolos en bellas canciones; Salud Ruiz, Paquita Escribano y tantas otras, cada una de las cuales, en su modalidad característica, ofrecieron a los espectadores de nuestro teatro las diversas facetas de su arte.

Al mismo tiempo, nuestras distinguidas paisanas, las que con su aportación a toda obra benéfica, ofrecían calidades artísticas y su cooperación en fiestas de gala; y así las voces espléndidas de Agustina Alba, Carmen Durán, señora de Fernández de Molina, Angelita y Emilia Tena, Mercedes Lluel, Concha Giménez y tantas otras, que harían interminables estas evocaciones, poblaron de melódicos acentos el inolvidable teatro.

Veladas teatrales, juegos florales, fiestas magníficas, en las que tenían destacado brillo las realizadas los días de la Patrona de la Infantería, en las que el teatro lucía el más rutilante esplendor con el exorno de palcos y plateas...

¡Maravilloso deslumbramiento el de aquellas noches, en las que nuestra más distinguida sociedad mostraba su elegancia, brillo centelleante en las joyas sobre la palpitante belleza de las damas y en que todo respiraba selección y finura!

¡Aquellas fiestas de la Patrona! Vistosos uniformes—clásica etiqueta militar—, en la que predominaba como consigna jamás olvidada la más exquisita distinción, sonrisa constante en el gesto y un madrigal eterno en la palabra...

En el resto de los caballeros, cortesía y señorío, elegancia en los bien cortados trajes—fraques o chaquets, pecheras blancas almidonadas, lucientes calvas, sobre las que se rompían las luces potentes de los focos—, y, en fin, hasta en el público de las alturas, aquel anfiteatro y paraíso del López de Ayala, predominaba un secreto y ávido afán de asomarse unos momentos al planeta de la elegancia, influído por el ambiente de la fiesta llena de belleza y colorido.

Toda una viva emoción nostálgica constituye para quienes hubimos de conocer parte de aquella época, cuya exhumación pretendemos extraer de entre viejos papeles, que entonces tuvieron actualidad, y los cuales irán desbrozando de la imaginación la maraña de olvidos con que los años pudieran haber nublado los recuerdos de entonces.

Y alguna vez, amigo lector, si estas evocaciones no te parecieran monótonas, traería de la mano alguna que otra temporada de zarzuela de las celebradas en nuestro añorado coliseo, de las que es seguro recordarán muchos de quienes fueron espectadores de las mismas.

Por constituir una nota curiosa, nos atrevemos a reseñar, al cabo de tantos años transcurridos, los nombres de algunas de las familias del abono—este primer abono del teatro López de Ayala—, que para los descendientes de las mismas ha de parecerles grata evocación.

Eran éstas, entre otras, pues la relación sería amplia en extremo:

Señoras y señoritas de Abarrátegui, Albarrán, Pérez, Castro, Dávila, Fernández Bretón, Camacho, Alba, Suárez, Sánchez, González, Cuadrado, Gragera, Sierra, Pieri, Berbén, Osorio Almendro, Beaumont, Sabater, Vaca, Crespo, Martínez Patrón, Lopo, Murga, Castro, Fernández Alvarez, Ortiz, Cisneros, Navascuez, Orduña, Torrecilla Díaz de la Cruz, Galache, Lahera, Gata, Piñero, Pedrinaci, Campos, Baquedano, Arenas, Valdivieso...

Para quienes bastantes años más tarde comenzamos a asistir al teatro, complace dedicar a los formados de aquellas galeras de Talía hondo recuerdo de admiración. Figuras notables unas, sin gran relieve otras, que en el carro de la Farándula consumieron sus existencias ilusionadas y soñadoras en el afán de ver superadas en elevación artística posibles mediocridades con el falso ropaje del oropel histriónico.

VISITA DEL MAESTRO CABALLERO

A finales de 1904 inició en el teatro López de Ayala una de sus campañas, aquel polifacético actor don Pablo López, vinculado a nuestro pueblo por lazos de afecto y simpatía.

En esta temporada se estrenó la linda zarzuela de los hermanos Quintero *La reina mora*, además de otras, unas con más y otras con menos éxito. La compañía que dirigía don Pablo era una de tantas, en la que había buenos artistas, entre otros mediocres, pero que, en conjunto, realizaban su labor a gusto del público.

Figuraba en este elenco Juan Beltrami, notable tenor, pero ya de facultades ruinosas, al que se le guardaba siempre ese respeto obligado que se tiene a las viejas glorias.

Había invitado don Pablo López, al maestro Caballero a dirigir algunas de sus obras, ofreciéndole una función en su beneficio; y siendo aceptada la invitación, tuvimos la satisfacción de verlo llegar a Badajoz una fría mañana de Enero de 1905. Fué un verdadero acontecimiento de simpatía el recibimiento que se dispensó al célebre maestro.

¿Quién no había deleitado sus oídos escuchando *Las dos princesas, El salto del pasiego, La viejecita, Gigantes y cabezudos* y tantas otras debidas a la inspiración del fecundo compositor?

Este manifestó su gratísima sorpresa ante esta cordial acogida, que realmente no esperaba. Para la noche del 10 de

Enero se organizó una función en su honor, poniéndose en escena *El salto del pasiego*, cuya representación presenció desde un palco, siendo objeto de innumerables muestras de simpatía y admiración por parte del público que llenaba la sala del teatro.

Tomaron parte en la obra la tiple señorita Cantos, la Vigiel y actores de la compañía. La noche siguiente se puso en escena *La marsellesa*, que fué dirigida por su autor y que también registró el López de Ayala un lleno completo. En el segundo acto de dicha obra fué entusiásticamente ovacionado el violín concertino don Rafael Tejado, en varios pasajes de la obra.

El notable compositor no dejó de escuchar, durante toda la jornada, grandes aplausos; la noche siguiente alternó en la dirección de la orquesta su hijo Mario, que compartió con su padre los aplausos del público.

Se reprisó la popular zarzuela *Gigantes y cabezudos*, que fué dirigida por el mayor de los hijos del viejo maestro. El coro de los repatriados, popularísimo en aquellos días, fué interpretado por el cuadro artístico del Liceo de Artesanos, destacando en él Benigno López, con su magnífica voz de tenor.

A beneficio del genial compositor se celebró una función, representándose *Las dos princesas*, el estreno de una composición titulada *La riojanita*, y una gran sinfonía, para banda y orquesta, sobre motivos de las principales obras del maestro Caballero.

Grandes ovaciones rubricaron la interpretación de mencionada obra, obligando a salir al proscenio al gran músico, que hubo de dirigir frases de gratitud al público ante aquel entusiasta homenaje.

Muchos y valiosos obsequios recibió aquella noche el glorioso autor de *La viejecita*, entre los cuales, por su originalidad, destacaba una magnífica lira compuesta por embutidos extremeños, regalo de don Salvador Sánchez Rosique, paisano suyo.

También don Pablo celebró función en su beneficio, con obras conocidas, recibiendo muestras de simpatía de este público, tan adicto a su labor artística. Igualmente fué celebrado otro beneficio; éste dedicado al maestro Sagi-Barba, Director de la orquesta del teatro, estrenándose el poema sinfónico, del que era autor, titulado *Una fiesta de magiares,* que se aplaudió fuertemente.

El señor Sagi-Barba brindó su beneficio a don Luis Plá, don Feliciano Claros y don Jesús Lopo, de quienes recibió como presente un magnífico reloj de oro. La compañía hacía frecuentes excursiones a Portugal y la provincia, retornando en uno de esos viajes mermado su personal, pues algunas de las partes decidieron separarse para atender contratos más ventajosos, y como es natural, el lado más flojo, los coros especialmente, quedaron en situación precaria, acordando celebrar una función benéfica, poniendo en escena *La bruja,* con escaso éxito de taquilla.

De esta forma terminó esta temporada, en la que se advierte la lucha estéril y angustiosa de aquella pléyade de hombres, sólo iluminados por su fe artística, de la que eran verdaderos devotos.

El Ateneo, aprovechando esta visita del maestro Caballero, organizó una velada literario-musical, de la que conservamos inolvidable recuerdo, ya que constituyó una maravillosa fiesta de arte, pues en ella se conjuntaron los elementos de más relieve en esta clase de torneos.

El salón de sesiones de la culta Sociedad era insuficiente para acoger la enorme afluencia de público que asistió a fiesta tan selecta, la cual dió comienzo con unas frases —como suyas, elocuentes—del Presidente del Ateneo, don

Felipe Muriel, a las que el venerable maestro contestó emocionado, manifestando que cuantas frases escuchaba en su honor las dedicaba por entero al arte.

En representación de la ciudad, su Alcalde, señor Santos Redondo, pronunció brillantes frases de respeto y cariño para el maestro Caballero, huesped de honor de la población; por último, el culto Catedrático, señor Tamayo, Presidente de la Sección Literaria del Ateneo, habló en parecidos términos.

Todos los oradores fueron calurosamente aplaudidos por el desarrollo de los discursos en loa y honor del gran músico. Jesús Rincón leyó una inspirada poesía, original del malogrado poeta Indalecio Blanco; cantaron también Consuelito Díaz y Paula Peiñeaux. Concha Fernández interpretó al piano una obra de Zabala, con perfecta ejecución; Luis Lacoste recitó una poesía de don Manuel Barriga Soto, y como final de la primera parte cantó la señora de Padura, con gran gusto, conquistando el mismo éxito que las anteriores.

Luego de un descanso, en el que todo fueron felicitaciones para los distinguidos intérpretes, dió principio la segunda parte de la fiesta, con intervención de las mismas señoras y señoritas que anteriormente.

Manuel Monterrey, el dilecto e inspirado poeta, leyó su romance titulado *El alma de la música*, que le valió cariñosas felicitaciones del maestro. Siguió desarrollándose la velada, interviniendo la señorita María Luisa Jinjauma al piano, y don José Díaz Macías leyó un magnífico trabajo literario, por el que escuchó muchos aplausos.

Agustina Alba, espíritu delicado y exquisito, tomó parte también, y, como siempre, causó admiración en los que se hallaban presentes.

Al maestro Caballero, especialmente, produjo el depurado arte de la inspiradísima cantante enorme impresión, constantemente exteriorizada en entusiastas frases, rogando a tan notable cantante interpretara otra obra más, a cuyo ruego Agustina Alba bordó la bellísima alborada de *El Señor Joaquín*.

Nunca olvidaremos aquella interpretación de Agustina Alba.

Tal ternura y tanta delicadeza imprimió a la ejecución de la conocida obra, que en quienes asistimos aquella noche pervivirá la profunda emoción que produjo, no sólo en nosotros, sino también en el genial músico, por el arte y los dulces matices con que dió realce y sentimiento a la inspirada página musical.

Hubo un instante de verdadera exaltación espiritual, viéndose al anciano autor de la alborada, de cuyos ojos caían emocionadas lágrimas, verdaderamente afectado por aquel momento, ante el cual se sentía emocionado.

Levantándose de su asiento, se acercó a Agustina, y, besándola en la frente, le dijo:

—Nunca, hija mía, como esta noche, he sentido tan honda emoción escuchando las notas de mi alborada.

Realmente, Agustina Alba, todo sentimiento y feminidad, ponía entera su alma en cuanto interpretaba. Su voz dulcísima era una caricia para el oído y sabía transmitir, a quienes la escuchaban, los más delicados sentimientos.

Por último, y como epílogo de tan bella fiesta de arte y poesía, las señoras de Fernández de Molina y Padura cantaron el dúo de *La Gioconda*, de Ponchielli, y tan maravillosa fué la interpretación realizada por las dos damas y tan ajustada, que asombró al maestro, quien durante toda la noche no dejó de recibir emociones, que no podía ocultar, manifestando más tarde que en su peregrinar artístico por todas las ciudades de España, pocas veces había escuchado interpretaciones de aficionados tan perfectas como en Badajoz, asegurando que las señoras y señoritas que habían actuado esta noche podían codearse y aun superar a muchas destacadas figuras ya consagradas por la fama.

La noche siguiente se repitió este mismo concierto, con una audición que le dió mayor realce. Don Federico González Carrillo cantó magistralmente y con hermosa voz la jota de *La Dolores*, siendo acompañado al piano por el maestro Caballero.

Horas aquellas, lector amigo, en que el arte—el verdadero arte—era algo inmaculado, que parecía eterno, y que realmente lo es, aunque ahora aparezca interferido por cosas ausentes de buen gusto, pero que un día, inexorablemente, pasarán al olvido definitivo.

Muchos años han transcurrido desde aquella noche del concierto en el viejo Ateneo de la calle de San Juan, cuyo eco nos trae este milagroso poder del recuerdo, haciéndonos revivir aquellas horas inolvidables.

Pocas personas perviven de cuantas tomaron parte en tan bella fiesta en honor del eminente músico.

De aquéllas, de las que fueron, queda entre nosotros una sensación que envuelve el pasado en celaje de suave melancolía.

UN CONCIERTO SELECTO
Y UNA BATALLA DE FLORES

Las Cantinas Escolares realizaron magnífica labor, pues se crearon con fines generosos, coadyuvando a su normal subsistencia aportaciones de toda índole, tanto de personalidades de la localidad como de las Sociedades culturales y de recreo, que se aprestaban con entusiasmo a sostener tan altruísta obra.

Con tal fin, se anunció para la noche del 14 de Febrero de 1909 la celebración de un soberbio concierto, cuyo programa fué acogido con verdadera expectación, ya que tanto las obras de que aquél se componía eran de verdadera selección, como por el prestigio de los distinguidos *amateurs* que habían de interpretarlo. A continuación menciono en detalle los pormenores del programa.

En la primera parte, la señorita María Cordón interpretó al piano la canción húngara, de Dupont, *Fragmento de concierto.*

Angelita Tena cantó a continuación *Un ballo in maschera,* y, seguidamente, tuvo feliz interpretación por María Reynolds, al violín, acompañada al piano por Miss Aubin, la *Fantasia apassionatta,* de Vieuxtemps.

Luego, Carmen Fernández Durán interpretó el aria de *Orpheo,* de Gluk, y, seguidamente, María de Gracia Reynolds mostró su delicado buen gusto al arrancar del arpa las notas de la *Ballade de Hasselmans,* dando fin a esta primera parte del programa Consuelito Díaz, con la romanza de *L'ebrea*, de Alevy.

No mentimos al afirmar que en toda la selecta concurrencia que invadía el teatro López de Ayala produjo verdadero entusiasmo el desarrollo de esta iniciación de la fiesta, que más tarde fué consolidándose, en tono superlativo, a medida que aquel plantel de soberbios aficionados realizaban su artístico cometido.

Doy a ustedes cuenta de la segunda parte del concierto, en el que Mercedes Torres tuvo lucido triunfo al interpretar el primer tiempo de la *Sonata en sol menor*.

Carmen Fernández cantó, de *La Riojanita*, la canción española de tal obra del maestro Caballero, y Matilde Esteban Reynolds, acompañada al piano por su hermano Carlos, extrajo a su violín delicados matices en *L'escene*, del ballet de Beriot.

Consuelito Díaz interpretó la romanza de la zarzuela *La vendimia*, de Calleja, y a continuación Mercedes Torres y Carmen Muñoz deslizaron sus dedos ágiles por el teclado con el *Bouquet de Fleurs*, de Tito Matheis, cerrando esta segunda parte Agustina Alba, cantando los cuplés de Mi Loló, de *La perla du Brasil*, de David.

Finalizó el selecto programa con la tercera parte del mismo, que inició Carmen Núñez con el rondó de la *Sonata, opus 49*, de Weber.

El lindo zorcico del *Cristo de Lezo*, al que puso letra Grilo y cuya partitura es de Arrate, lo cantó primorosamente Angelita Tena.

Seguidamente, Matilde Esteban Reynolds, Carlos y Roberto, dieron nueva vida al concierto con el *Trío en re menor, opus 49*, de Mendelssohn, interpretado al violín, viola y piano.

Nuevamente deleitó Agustina Alba con la preciosa alborada de *El Señor Joaquín*, de Caballero, y a continuación Miss Aubin desarrolló temas variados de Chaminade.

Consuelito Díaz y Carmen Fernández cantaron el dúo de *La Gioconda*, de Ponchielli, dando final al notable concierto Mariana y María de Gracia Reynolds, al piano y arpa, respectivamente, con Berceuse.

En esta fiesta tomó parte el coro de niños del Hospicio.

La interpretación del concierto, como antes he manifestado, constituyó una exquisita jornada de arte, y no es preciso repetir que cada número fué subrayado por fuertes aplausos en premio a una actuación destacadísima.

Caballeros oficiales y asimismo distinguidos jóvenes de la localidad, acompañaron al brazo gentilmente hasta el escenario a las señoritas que tomaron parte en el concierto.

BATALLA DE FLORES

¡Cuántos de los que leen estas breves estampas recordarán aquella feria de Mayo de 1909!

Esta tuvo lugar en los campos frente al Vivero, en la Cañada de Sancha Brava, en los alrededores del actual Campo de Fútbol. Por cierto, que el tiempo no se mostró muy galante, pues estuvo desapacible, con una molesta llovizna que en parte deslució algún número de los festejos, pero a la gente joven no le arredró esta jugarreta de los elementos y se echó a la calle, dispuesta a divertirse fuera como fuera.

Aquel año se construyó una carroza con admirable exorno, que conduciría a los señoritas designadas para inaugurar la feria, llevando con su juventud y belleza el más risueño despertar a la ciudad.

Y efectivamente, la mañana del primer día de festejo, se hallaba la Plaza de San Juan abarrotada de gente alegre y optimista, aguardando la llegada de las señoritas que habían de ocupar la carroza. Las bandas de Castilla, Gravelinas y la Municipal poblaron de ecos musicales, con castizos pasodobles, el ámbito de la plaza, en tanto se reunían los componentes de la Cabalgata.

La aparición en la portada del Ayuntamiento de las cinco bellas muchachas que iban a constituir el pórtico de la feria, produjo la natural expectación, traducida en una salva de aplausos. Las señoritas elegidas fueron: Carmen Lluel, Luisa Rueda, Obdulia Rosado, María González y Leopolda Rodríguez, espléndidamente ataviadas con preciosos mantones de Manila.

Por acuerdo de la Junta de Festejos, ostentó el trono erigido en la carroza la señorita Leopolda Rodríguez, que portaba el estandarte de la ciudad.

Las restantes se situaron de pie, dos a cada lado de la plataforma.

Se organizó la salida brillantemente, acompañando a la carroza, en guardia de honor, los caballistas Florencio Ger y Juanito Pareja, hijo menor del Conde de la Camorra.

Rompían marcha los Guardas jurados, uniformados, a caballo; tras la carroza seguían jinetes, en soberbios corceles, los jóvenes Antonino Espárrago, Baldomero Galache y Manolito López-Lago; después de éstos, la banda del regimiento de Castilla, precediendo a un grupo de sesenta coches, aproximadamente, cerrando el cortejo un landó ocupado por autoridades, y agregándose numerosos vehículos que aguardaban en Puerta de Palmas.

Este acto fué muy vistoso y espectacular, arrastrando tras de sí mucho público, dispuesto a presenciar la matinée que se celebraría en la Caseta de Festejos.

Como nota curiosa, diré a ustedes que pocos días después de finalizada la feria de Mayo dieron comienzo las obras de ampliación del puente de Palmas, al que se colocaron los paseos laterales y barandillas sobre el río.

Uno de los números de mayor atracción fué la batalla de flores, que realmente resultó preciosa. Basta decir que, para que dicha fiesta en nada tuviera que envidiar a las que gozan de legítima fama en otras localidades, se trajeron vagones de flores de Valencia, Murcia y Oporto. Coches y carrozas engalanados ofrecieron verdaderas batallas de confetis y flores.

Se nombró un Jurado para premiar la mejor carroza o coche que se presentara, constituído por don Ventura Vaca, don Adelardo Covarsí, don Narciso Vázquez, don Francisco Castellanos y el secretario A. de Mirabal, el ágil y notable periodista.

Fué aquel un derroche de buen gusto y un afán de dar a la feria el tono y realce que se pretendía, y aunque la descripción de los coches y carrozas adornados pudiera parecer pesada, arrostramos esta contrariedad, pero estamos seguros que ha de sernos perdonado este deseo de hacer vivir durante unos momentos una de las ferias más sugestivas que nosotros recordamos.

Cuando se dió la señal de comenzar la batalla, inició el desfile el landó de las señoritas de Lopo, a las que acompañaba la señorita de Alvarez. El coche estaba lindamente adornado con margaritas, perfectamente combinadas en colores blancos y amarillos. Hizo gran impresión, pues las gentiles señoritas que lo ocupaban vestían ricos trajes de suaves tonos, haciendo juego con el adorno del coche y portando airosos girasoles en maravilloso conjunto.

Llamó la atención la carroza en la que figuraba una roca sobre la playa, en la que destacaba una monumental concha; esta carroza estaba ocupada por las señoritas de Puente, Jiménez, Collazo, señora de Abarrátegui y varias más, vestidas de blanco con pamelas, acompañadas de varios oficiales del Ejército con trajes de balandristas.

Las familias de Albarrán y Marzal se presentaron en un

coche, que representaba una rosa gigantesca, con un capullo a medio abrir: la rosa era de terciopelo rojo y las hojas de la corola estaban perfectamente imitadas, así como las del cáliz, que eran de terciopelo y raso verde.

Otra monumental carroza simulaba una barraca valenciana, que produjo excelente impresión; en el frente de la misma aparecía un trozo de huerta con naranjos naturales llenos de fruto.

Esta carroza la ocupaban las bellas señoritas de Valle, Santos y diversas más, vistiendo el típico traje valenciano, acompañadas de varios jóvenes, igualmente ataviados al uso de la huerta, quienes, además de la lluvia de flores que cambiaban con el público y las demás carrozas y coches, arrojaban naranjas arrancadas de los arbolitos colocados en el extremo de la carroza.

El Conde de la Camorra y familia ocupaban el coche de su propiedad, graciosamente adornado con multitud de claveles, expresamente traídos de Barcelona. También la familia de Bigeriegó ofreció su concurso, presentando un coche preciosamente transformado en un gran cisne, realizado con flores blancas, que fué muy elogiado por lo vistoso de su conjunto

Hubo, además, multitud de coches con sencillos adornos, contribuyendo con su asistencia al mayor éxito de la fiesta.

La carretera estaba realmente espléndida. Pocas veces se vió espectáculo de tanta belleza y colorido. Las flores, serpentinas y confettis constituían verdadera alfombra multicolor. De coche a coche se entablaban reñidas batallas, en las que se cambiaron enormes cantidades de estos incruentos proyectiles.

El Jurado, después de un cambio de impresiones, concedió el premio establecido para coches al presentado por las señoritas de Lopo, que, como ya he manifestado, era digno de tal galardón, resultando favorecido con el premio para carrozas la de las señoritas de Collazo, que fué igualmente muy celebrada por el público.

Muchos de los que hayan tenido la paciencia de leer estas líneas serían, quizás, actores contendientes de aquellas reñidas batallas, libradas con ramos de flores y lluvias de confetis, o, al menos, presenciarían, como yo, aquel derroche de optimismo de los combatientes de las batallas de flores del año 1909 en la carretera del Vivero.

Los bailes celebrados en la caseta de la Sociedad de Festejos y otras, como la del Casino y Liceo, estuvieron animadísimos, disfrutando en grande la gente joven, con gran recreo para el espíritu de los mayores, que siempre gustan presenciar espectáculos donde hay risa, luz y alegría.

Horas de un día y gozo de esas horas que, fijas en el pensamiento, vuelan prodigiosas con sus alas de ilusión tras las rutas de los días felices que pasaron.

TEMPORADA TEATRAL
JUEGOS FLORALES

La temporada teatral en nuestro añorado coliseo durante el año 1914 se desarrolló en ambiente vario, pues pudimos asistir a diferentes manifestaciones de arte, cada una en su adecuado marco y público peculiar.

Entre otras atracciones de interés, vimos en la feria de Mayo a la primera actriz Carmen Cobeña, al frente de su compañía, en la que figuraban excelentes actores. La temporada fué corta, pues se limitó a los días de feria; se representaron, entre otras obras, *Aben Humeya*, de Villaespesa; *El vergonzoso en palacio*, de Tirso; *La de San Quintín*, de Galdós; *El tanto por ciento* y *Locura de amor*.

Esta compañía estrenó *La malquerida*, de Benavente, proporcionando a los actores notable triunfo. Finalizada la actuación de Carmen Cobeña, hubo un lapso de inactividad en el teatro López de Ayala hasta la presentación de *La Cordobesita*, excelentemente acogida por los espectadores.

Mediado el mes de Julio se aromó el escenario de nuestro coliseo con la gracia fragante de *Pastora Imperio*, «emperaora» del baile flamenco.

La gran artista actuó varias noches, mostrando con su arte magnífico y bello la risa jocunda de los palillos, repique español, único e incomparable.

¡Cómo sonaban los palillos en un susurro murmurante

primero, en cascada sonora después, bajo la táctil caricia de los dedos ágiles, maravillosos, de *Pastora!*

Triunfadora, expresiva en aquellos esguinces felinos, *Pastora*, toda ritmo y perfección, subyugó al público con arte incopiable, que era en ella perfume y solera de la faraónica raza... El público y la crítica recibieron a la notable *bailaora* con gran entusiasmo.

Un diario local, en su información, manifestaba la belleza del arte de *Pastora* y decía así: «Baile, en el que el mantón de Manila, rodeando la soberbia escultura de la artista, acusaba sus magníficos perfiles». Esta apreciación no le pareció bien al periódico opuesto a la política del mencionado, afirmando que el entusiasmo del colega «era pernicioso e inmoral».

De esta disparidad de criterios entre ambos periódicos, por relieve más o por curva menos, quien resultó triunfante fué la empresa, que vió lleno el teatro todas las noches, resultándole totalmente gratis la propaganda.

A *Pastora* le acompañaba a la guitarra su hermano Víctor, que compartía los aplausos conquistados por su hermana... Luego de finalizada su actuación, fué anunciada la llegada del eminente actor José Tallaví, figurando en el reparto de la compañía la señora Gámez y las señoritas Calderón, Abrines y Morán, y los actores señores Contreras, Noya, Navarro, San Juan, Vico, Robles y Millanes.

Tallaví se hallaba actuando en el teatro Chapí, establecido en la Memoria, en cuyo salón puso en escena *Tierra baja*, pasando al López de Ayala al quedar libre este escenario de otro espectáculo que allí actuaba.

Contra lo que parecía natural, dado el prestigio del gran actor, hubo poco público durante la primer noche. La compañía fué muy bien acogida, destacando notablemente la señora Gámez y Tallaví. Recordamos la gran expresividad dramática del gran artista que, en obras como *Espectros*, sólo un intérprete de su talla podía imprimir al personaje central su trágica magnitud... La brevísima temporada finalizó con la representación de *Nena Teruel*.

Varios espectáculos más completaron la temporada, destacando, entre ellos, la actuación de aquella notabilísima cancionista napolitana Olimpia D'Avigny, toda elegancia y buen gusto en la presentación, que hizo popular una canción, a la que la gentil artista daba gracioso ritmo que hacía sugestiva su graciosa prosodia, medio castellana medio napolitana:

«Los cabellos de mi Mariana
largos y rubios como el oro son...»

Olimpia llenaba el teatro diariamente; la recordamos con un ceñido vestido de tonos claros, ondeando el gran sombrero, de igual tono, que portaba airosamente en su diestra, y al aire, como penacho de arrogancia, los blondos y bellos cabellos...

Olimpia pasó rápidamente por la escena. Hace pocos años encontramos una información periodística, por la que conocimos la situación lamentable de la bella cancionista que, paralítica y ciega, hubo de ser acogida en el Asilo de Actores, continuando la triste tradición de la fugaz vida de muchos artistas, cuyo mayor número llegan a la vejez pobres y olvidados.

Coincidiendo con uno de los aniversarios de la fundación del teatro López de Ayala, comenzó su actuación la compañía dirigida por don Andrés López. Durante la temporada vimos lo más florido del repertorio en auge; aquel género chico nunca igualado: *La revoltosa*, *La patria chica*, *La generala*, etc., etc. En esta última obra obtuvo gran triunfo Antonia Arrieta, como asimismo en *La princesa del dólar*, compartido con Eva López, tan excelente cantante como espléndida de figura. Durante esta temporada hizo su debut el tenor Rafael Bezares.

Constantemente, la autoridad rogaba al público se abstuviera de fumar en la sala durante las representaciones; órdenes reiteradas en avisos, colocados en el teatro, en atención a las damas.

Al fin, y después de algunas sanciones, se pudo conseguir que los espectadores dejaran de consumir sus cigarrillos en el patio de butacas.

En honor al Capitán General, don Julio Domingo Bazán, se celebró una función de gala, poniéndose en escena *Las musas latinas*, *Los cadetes de la Reina* y *Bohemios*, tres preciosas zarzuelas casi olvidadas. En uno de los palcos se encontraba el general Bazán, acompañado del Conde de la Torre del Fresno, generales Ambel y Villalón, Teniente Coronel del Estado Mayor, señor Prats, y don Alonso Alix Recalde. Una de las últimas representaciones de esta compañía fué con el estreno de la magistral obra de Usandizaga, *Las golondrinas*.

Después de la actuación de la compañía de que hemos hecho mención, realizó breve campaña Ernesto Vilches, con notable exito.

Dejamos para final de estas notas la referencia de los Juegos Florales celebrados en el coliseo López de Ayala, que tuvieron destacada atracción en todas sus manifestaciones: arte, belleza y poesía.

Estas fiestas tienen una suntuosidad que no la da sólo el exorno de los efímeros tronos, los discursos floridos de los mantenedores, quienes para estos torneos escogen el más inspirado de los temas, así como los poetas producen sus más sonoros versos...

Lo más sugestivo es, sin duda, el trono ocupado por una Reina joven y bella, rodeada por una Corte de amor gentil y distinguida, digna de su Soberana. Así ocurrió en los brillantes Juegos Florales durante la feria del año 1914, de los que quedó en la memoria de los que tuvimos la fortuna de presenciarlos, una estela de verdadero deslumbramiento.

Aquel año fué designada con gran acierto, como siempre ocurre en la elección de Soberana de Juegos Florales, la distinguida señorita Fernanda Villalón, hija de los señores Vizcondes del Parque, que, además de lucir su espléndida figura, aparecía ricamente ataviada.

Los preliminares de la fiesta fueron, como en análogas ocasiones, verdadero derroche de buen gusto, especialmente en el exorno de la sala, construcción del trono, decorado, etcétera, etc., cuyos detalles se cuidaron esmeradamente, a fin de que constituyeran aquel conjunto primoroso, trono de una Reina bella y de una Corte de amor selecta y distinguida.

Como en fiestas precedentes, el teatro estuvo invadido de público escogido, lujo y distinción profusamente repartidos por todas las localidades del inolvidable teatro.

Cuando la señorita Fernanda Villalón apareció acompañada al brazo del ilustre escritor, señor López Prudencio, produjo en la sala inconfundible rumor admirativo, pues, realzando su belleza, presentóse ataviada con soberbio vestido de encaje y, sobre éste, un espléndido y rico manto rojo de terciopelo orlado de armiño—verdadero manto de Reina—, tocada con valiosísima diadema, en la que fulgían tres estrellas de limpísimos brillantes.

Conducida hasta su trono en medio de atronadores aplausos, fué seguidamente rodeada por su Corte de amor, gentil grupo de bellísimas señoritas que, juntamente con la Reina de los Juegos, constituyeron el cuadro magnífico que luego cantara el Mantenedor, señor Cavestany, en floridos y elegantes períodos, que justamente causaron en los espectadores el mayor entusiasmo.

La Corte de amor estaba compuesta por las señoritas de Aguas, Marín, González Soriano, Núñez, de Olivenza; Tovar, de Madrid; Bosch, de Jerez de los Caballeros; Montero de Espinosa, de Madrid; Cabeza de Vaca, de Villafranca de los Barros, y Gallardo, de Villanueva de la Serena, a las que acompañaron al brazo Manuel Lobo, Julio Recio, Abelardo Gómez Tejedor, Luis Ortiz, Gonzalo Bueno, José Alba, Enrique Bardají y Carlos Cáceres.

La Flor natural fué concedida al poeta santanderino Alberto Argüello, cuya poesía fué recitada por don José García Crespo. El primer accésit se otorgó al inspirado poeta local don Leopoldo de Castro.

Como antes mencionaba, el Mantenedor, señor Cavestany, pronunció un florido discurso, ensalzando la hermosura de estas fiestas y particularmente aquélla, por haberse conjuntado en la misma tan distinguida representación de la nobleza extremeña.

Y así era y así se deslizaron los Juegos Florales en 1914, en los que el arte y la poesía tuvieron su adecuado marco en un trono que perfumó con su belleza la señorita Fernanda Villalón y una Corte de amor en la plenitud de su juventud y feminidad.

JUEGOS FLORALES
ARTISTAS PRÓCERES

Como si ello constituyera el pórtico que diera acceso a la presentación de la compañía Guerrero-Mendoza, y durante los últimos días de actuación del elenco dirigido por Fernando Porredón, se celebraron Juegos Florales que tan brillante nota de belleza y poesía representaba para el público, que gustaba asistir a estos torneos, ya que en ellos todo constituía canto excelso a la hermosura.

La fiesta a que vamos a hacer referencia dió comienzo a las cuatro y media de la tarde, con asistencia de gran número de espectadores. El centro del escenario se hallaba ocupado por un sencillo templete, sobre cuya cúpula, de tonos rojos, presidía una gran corona, destacándose en el frente el escudo de Badajoz, del que pendían anchas cintas de seda azul y rosa, envolviendo las blancas columnas del templete.

El exorno del escenario estuvo a cargo de Pepe Rebollo, Giménez Cierva y López Moreno. A la derecha del trono se situó el Mantenedor de los Juegos, don Luis Bardají, y a la izquierda de la tribuna la Presidencia, que ocupaba don José López Prudencio, como Presidente de la Sección de Letras del Ateneo y asimismo de los Juegos Florales. Acompañándolo se hallaban don Mariano Larios y don Antonio López Moreno.

Abrió el acto el señor López Prudencio, dando cuenta

del nombre del poeta premiado con la Flor natural, que fué concedida a don Lino González Ansotegui por su poesía titulada *Y los sueños...*, quien declinó el honor de nombrar Reina en el Presidente, que designó a la bella señorita Asunción Esteban Frías, hija de los Marqueses de Matallana. Esta apareció ataviada con riquísimo y elegante vestido blanco, adornado con una guirnalda de menudas flores azules. De sus hombros pendía un hermoso manto azul pálido, y tocaba sus cabellos con una artística y deslumbrante corona.

Su Corte de amor estaba compuesta por las lindas señoritas Gloria González Prats Revenga, Carmen Ruiz López, Brígida de Miguel Rino, Carmen Muñoz Valero, María Luisa Franco Peña, Dolores Elías Morales, Ana Llinás Murteira y Carmen del Río Macías. Fueron reyes de armas las niñas Cristina y Rosarito Sánchez Moreno, que vestian dalmáticas de terciopelo morado, y Juanito Cuéllar, con traje de paje, ostentando en el pecho el escudo de Badajoz, bordado en oro antiguo.

Estos Juegos Florales, como cuantos se celebraron en el hermoso escenario del López de Ayala, tuvo ese marco soberbio, y, como todos, produjo en el público la admiración natural, pues el espectáculo de tanta mujer elegantemente ataviada no es cosa corriente si en él no se conjugan factores propicios de ambiente y selección.

Del brazo de don José López Prudencio ascendió a su trono la bella Reina. La orquesta interpretaba en estos momentos la *Marcha real*, mientras los espectadores aplaudían calurosamente.

Fernando Porredón, el excelente actor, como ya he mencionado, dió lectura a la poesía premiada con la Flor natural, oyendo grandes aplausos por su admirable recitación. El premio del excelentísimo Ayuntamiento fué otorgado a don

Daniel Pardo, cuyo trabajo fué leído por el actor señor Alverá.

La notable artista Ana Siria leyó magistralmente el premiado a don Enrique Segura, y los señores López Prudencio y Giménez Cierva, tuvieron a su cargo los trabajos originales de don Leopoldo de Castro y don Juan Luis Cordero.

Una vez realizada la presentación del Mantenedor, éste pronunció brillantísimo discurso, en el que la rica fantasía y brío poético del ilustre Abogado, lució sus más espléndidas galas.

No es preciso añadir a cuanto llevamos manifestado, que cada intervención fué acogida con entusiasmo por cuantos llenaban el teatro. Dió final, con triunfal apoteosis, cuando la Reina de los Juegos Florales, señorita Asunción Esteban Frías y su Corte de amor, entre grandes aplausos, abandonaban el trono y estrado de su efímero reinado, del que, de manera indeleble, queda el eco de su belleza y esplendor.

DOÑA MARÍA GUERRERO Y DON FERNANDO DÍAZ DE MENDOZA

Este año de 1912, en lo que respecta al movimiento teatral en Badajoz, fué de los más señalados y el que marcó más fuerte huella en los anales del siempre bien recordado López de Ayala.

Aparte otras notabilidades destacadas, que en otra ocasión mencionaremos—si Dios lo permite—, sobresalen con viva admiración, agigantada hoy a través del tiempo, los preclaros nombres de doña María Guerrero y don Fernando Díaz de Mendoza. ¿Cómo dar al olvido la personalidad de aquellos egregios actores? Eran, realmente, príncipes de la escena, que llevaron por el mundo, con su arte excelso, el nombre de España, imponiendo con su personalidad la más devota admiración por nuestro inmortal Teatro.

Aquel año vibró el entusiasmo del público, no sólo el de la localidad, sino el de toda la provincia e incluso el de Portugal, ante el anuncio de la llegada a Badajoz de la eminente actriz. El interés despertado por este acontecimiento superó a cualquier otro de los hasta entonces conocidos.

Durante los días de función y en las vísperas del debut, se estableció extensa cola en la taquilla, que se prolongaba hasta frente el hospital, en toda la longitud del teatro.

Aún conservamos, aunque ya desdibujada, una instantánea que impresionamos en uno de aquellos días, en que se ve al público agolpado en la portada para obtener localidad, y podemos decir con absoluta veracidad que el teatro era insuficiente para el número de espectadores que esperaba a presenciar las funciones.

Fué aquel un movimiento que demostraba la fina sensibilidad de este público, que, acostumbrado a presenciar notables conjuntos teatrales y los más aplaudidos repertorios, hizo honor a su hidalguía, ofreciendo a quienes eran legítimamente señores del más puro y excelso arte escénico, el rendido tributo de su admiración y simpatía.

Para los aficionados antiguos, la mención de los nombres que componían el elenco que, bajo la dirección de doña María, pasó por el escenario de nuestro coliseo, les recordará aquellas viejas glorias que dieron el más alto rango a la escena española. Son los siguientes: Señoras Guerrero, Encarnación Bofil, Bueno, Hortensia Gelabert, Conchita Ruiz, María Cancio, Valentín, Elena Salvador, María Fernanda Ladrón de Guevara, hermanas Le-Bret, Sofía Riquelme, María del Carmen León y los señores Díaz de Mendoza, Thuiller, Vilches, Mesejo, Carsi, Díaz, Montenegro, Covisa, Cirera, Juste, Gonzálvez, Urquijo, Ortega, Medrano y Aller-Perkins.

Para completar los informes preliminares de la presentación de la compañía, mencionamos los precios de las localidades, que alguna noche fueron alterados, como ocurriera en el beneficio de la Guerrero, en que se fijaron los siguientes:

Palcos, 20 pesetas; butacas, 6, y delantera de anfiteatro, 4.

La presentación tuvo lugar la noche del 6 de Octubre, con el estreno de la comedia de Marquina *En Flandes se ha puesto el sol.* Si desde esta primera actuación dijéramos que el triunfo logrado por la Guerrero y su compañía fué muy destacado, no haríamos otra cosa que rendir culto a la verdad. El público, sugestionado por el arte sin par de la gran comediante, le rindió frecuentes muestras de entusiasmo.

La noche siguiente se representó la lindísima *Malvaloca,* en la que vimos a doña María rejuvenecida en aquel personaje humano y simpático, que despertaba en los espectadores creciente atracción. *Los dos pierrots* y *El desdén por el desdén* siguieron a la anterior.

La noche del 9 estrenó *Mamá,* de Martínez Sierra, en que Ernesto Vilches se mostró el buen actor que ya se iniciaba desde sus primeros pasos en las tablas. La noche posterior se representó *El rey trovador,* con gran éxito para la obra y sus intérpretes.

La joya poética de Villaespesa, *El alcázar de las perlas,* fué ofrecida al público la noche del 11, dando ocasión a Thuiller, en cuyo beneficio se celebraba esta representación, a la conquista de notable triunfo.

En la misma obra obtuvo la señora Guerrero otro resonante éxito. Aún recordamos el recitado de la inspiradísima Kasida a las fuentes de Granada, en que la voz de la gran dramática vertió los rubíes y esmeraldas de su genio en la bellísima poesía, que nunca volvimos a escuchar tan dulcemente expresada:

Las fuentes de Granada.
¿Habéis sentido en la noche,
de estrellas perfumada,
algo más doloroso que su triste gemido?...

En representación extraordinaria y fuera de abono, se verificó el beneficio de doña María Guerrero, con el estreno del drama en cinco actos, de Tamayo y Baus, *Locura de amor,* en la que realizó maravillosa interpretación. Todo el dramatismo en que el autor inspirara su obra, fué captado por la gran artista, que dió aliento de vida al personaje por ella encarnado.

¡Qué acento tuvo la ilustre actriz en el dificilísimo desempeño de su papel, sólo capaz de dar todo su vigor comediante tan excelsa como la Guerrero!

El teatro, dicho en frase corriente, se venía abajo al finalizar la representación. El público, puesto en pie, prendido por el entusiasmo, ovacionó a doña María fervorosamente.

Como hubo numerosos espectadores que no pudieron lograr entrada para esta función, se acordó repetir el drama la tarde siguiente, domingo, en gratitud al interés de este público, al que reputaron de culto e inteligente.

Efectivamente, en dicha tarde, se repitió *Locura de amor,* con el mismo triunfo que la anterior noche.

La compañía efectuó su despedida la noche del 14, con *Mancha que limpia,* con que rubricaba su corta, pero triunfal, temporada teatral. Los espectadores, puestos de pie, ovacionaban a todos los componentes del elenco, que reclamados cariñosamente, hubieron de aparecer en el palco escénico.

El público, agolpado en la Plaza de Minayo, aguardaba la salida de los artistas, acompañando al matrimonio Guerrero-Mendoza hasta el hotel Garrido, y vitoreando a la que fué distinguida dama y gloriosa comediante.

Más de mil personas se hallaban apostadas frente al

citado edificio, a cuyos balcones hubo de asomarse, correspondiendo así a esta extraordinaria estimación del público de Badajoz.

Años más tarde, según nos confesaba nuestro llorado amigo don José López Prudencio, en conversación sostenida con el matrimonio, les hizo éste referencia de Badajoz, cuyo espontáneo entusiasmo nunca olvidaron, manifestando al mismo tiempo su admiración por la amplitud y belleza del teatro López de Ayala, cuya maravillosa acústica les llamó la atención.

Antes de abandonar la población, doña María Guerrero envió a la Junta de Damas de San Vicente de Paúl un donativo en metálico, y aún tuvo otro rasgo delicado, entregando en la Santa Iglesia Catedral todos los magníficos ramos de flores con que el público la obsequió la noche de su beneficio, para que ellos fueran depositados en todos los altares.

La estancia de doña María y don Fernando quedó en el público de Badajoz una estela deslumbrante de arte y distinción. Los componentes de la compañía guardaban verdadero culto por la gran actriz, que fué para aquella pléyade de actrices y actores jóvenes, que a su lado se iniciaron, maestra y conductora en las difíciles rutas del arte escénico.

Como todas las grandes figuras de la historia del teatro, estos comediantes próceres, que todo lo sacrificaron en beneficio de su arte, dignificándolo y elevándolo hasta las más altas cimas, partieron de la vida sin legar fortuna, pero—y esto es absolutamente cierto—, altivos siempre y siempre generosos, sahumados por el soplo inmaterial de la gloria eterna e imperecedera...

EVOCACIONES
LOS COSACOS DEL DON

Nuestro teatro López de Ayala, que tantos momentos interesantes tuvo en su dilatada vida, albergó en su escenario la trama de muchas obras que solazaron las horas de nuestros ascendientes. En todos sus aspectos, la amplia sala se perfumó con el arte teatral y allí fueron escuchadas las voces de eminentes cantantes y la sonoridad de los versos clásicos del Teatro romántico.

Badajoz posee entre sus infinitas virtudes la de sus aficiones estéticas, y sabe, como pocos, captar finísimamente la belleza de las obras dignas de admiración. No es, pues, extraño que las compañías que visitaban Badajoz estudiaran con celo las obras a representar, pues el aplauso de este público se valoraba por la calibración justa de los valores y méritos de los artistas.

La última década de vida del viejo teatro López de Ayala tuvo su etapa final el año 1936, en la tarde del 14 de Agosto, en que el incendio abatió sus muros, consumiéndolo casi en su totalidad. El fuego hizo desaparecer la sala, escenario y aquella colección de telones y bambalinas que constituyeron la *mis en scene* de infinitas obras que vimos representar; decoraciones que si en verdad no eran notables obras pictóricas, tenían, en cambio, el matiz que a nosotros se nos antojaba real y auténtico... Viejas casonas, paisajes y jardines, calles aisladas, venerables portadas de ducales palacios y, en fin, toda la policromía escenográfica que nos hace ver auténticos y reales lugares, trazados con fuertes brochazos de bermellón.

En 1929 actuaron en Badajoz los notables actores Pepita Meliá y Benito Cebrián, que tuvieron la mejor aceptación por el acierto y presentación de las obras.

El público de Badajoz posee, repetimos, fino instinto certero, estimando cuanto bueno ocurre en la escena, así como rechaza, si no ruidosamente como en otras partes ocurre, sí con terrible indiferencia y frialdad aquello que no es aceptable, tanto en los valores literarios y teatrales, como en la audacia de los temas si éstos afectan a la moral y buen gusto.

Al final de la temporada celebró Pepita Meliá su beneficio, representándose la comedia de los Quintero, *Cristalina,* en la que la simpática actriz lució sus magníficas condiciones escénicas. La noche referida se verificó el sorteo de un mantón de Manila, que correspondió a las señoritas de Monsálvez, que ocupaban un palco.

Recordamos que se hizo cargo del obsequio don Manuel de Juan, ya desaparecido.

Pocas noches después de dar fin su actuación esta compañía, se organizó una función, tomando parte en ella distinguidos aficionados locales, fiesta inspirada en el tono patriótico que animaba siempre a nuestro pueblo.

La función, organizada bajo estos auspicios, dió comienzo con un monólogo en prosa y verso, original de Manuel Ortega Lopo, ilustrado escritor extremeño, que mereció, en justicia, los cálidos aplausos que le fueron dedicados.

Para dar mayor realce a esta fiesta se invitó al maestro Guerrero a fin de dirigir la orquesta, siendo gustosamente aceptado por el insigne autor de *Los gavilanes* este deseo de los organizadores.

A continuación de la recitación del monólogo, por Ortega Lopo, floreció en el escenario nutrido grupo de señoritas tocadas con el airoso gorrillo legionario, recibidas, como es de suponer, con una ovación entusiasta y cariñosa. Al frente de la orquesta aparecía el llorado autor de tantas bellas páginas musicales, dispuesto a dirigir la interpretación de *La canción del soldado*, cantada con unánime entonación por aquel grupo de muchachas, que supieron poner cálidos acentos al bello himno, enardeciendo al público, que otorgó a cantantes y a su director, Jacinto Guerrero, estruendosos aplausos.

Para no dejar incompletas las referencias de aquel momento, cito los nombres de las señoritas que integraban el coro que interpretó *La canción del soldado*, las cuales eran las siguientes: Petrita Serrano, Bernarda del Solar, Eulalia Sánchez, María Gervas, Soledad Galache, María Fernández, Pura Camacho, Lolita Bardají, Adela Covarsí, Carmen López, Petra González, Esperanza Segura, María Pepa González, Adela y Enriqueta Molina, Matilde Blanco, Emilia Ger e Inocencia Tórtola. Si algún nombre se ha omitido cúlpese a la fuente de la que tomo estos datos.

¡Cómo sonaron los acentos de la canción aquella noche, en que el ambiente estaba invadido por sentimiento patriótico!

Las voces de aquel lindo plantel de muchachas vibraron sonoras bajo la acertada dirección del maestro Guerrero. Los aplausos resonaron unánimes en todo el teatro en honor del coro; seguidamente se interpretó el coro de Las Mandolinas, del *Pájaro azul*, letra de López Monís y partitura del maestro Millán.

Tomaron parte en él: Josefina Albarrán, María Tafur, Carmen Tous de Monsálvez, María Celdrán, Soledad Rincón, Margarita Navarrete, Teresita Vaca, María López Llinás y Pepita Carbajo. Como anteriormente, el público subrayó con fuerte ovación la interpretación de la partitura del maestro Millán.

La conocida comedia de Martínez Sierra, titulada *Rosina es frágil*, fué representada por Lolita Díaz-Ambrona, Julia Navarrete y Carmen Llera. Del sexo fuerte recordamos, entre otros, a Paco Rubio y Jesús y Casimiro Pinna.

La apoteosis final estuvo compuesta por un bello cuadro plástico, en el que predominaban las banderas de España y Argentina. En representación de la nación española hallábanse las señoritas Carmen Albarrán, que tremolaba el estandarte nacional, Julia Navarrete, Carmen Alba, Gloria Galache, María Chorot, María Luisa Andrade y otras señoritas cuyos nombres no recuerdo, pero sí sus apellidos: Fernández, Mata y González.

Por la República Argentina, cuya bandera portaba Josefina Celdrán, aparecían las señoritas Calderón, Rincón, Romero de Tejada, Bardají, Santos, Tórtola, Delgado y Mata. El maestro Guerrero, que se hallaba unido al grupo general, compartió las fervorosas ovaciones que se otorgaron a los distinguidos componentes de tan interesante velada artística.

Después de varios días de inactividad teatral, tuvimos ocasión de ver, la noche del 26 de Diciembre, un espectáculo curioso, titulado *Coro de los cosacos del Don, Platoff*, conjunto notable constituído por cuarenta y un artistas, antiguos miembros de la Armada Imperial de cosacos del Don. Dirigía esta agrupación Nicolás Kostrukoff, Intendente que fué de la ciudad rusa Zimlianskaia.

Estos individuos eran, con millares de compatriotas, víctimas de la revolución bolchevique, que había hundido a Rusia en la tragedia y la ruina.

Recuerdo que aquellos días, diez o doce años después de la revolución soviética, se conocían pormenores acerca de la situación precaria en que se encontraban millares de rusos que pudieron escapar del terror que invadía su patria.

Notables figuras de la Corte de los Zares; toda aquella aristocracia poseedora de grandes riquezas; las bellísimas Duquesas de famosa elegancia, enjoyadas ostentosamente; Corte maravillosa que, en sus soberbios palacios, ofrecían fiestas espléndidas en las que se derrochaban millones de rublos. Muchos de estos personajes, escapados milagrosamente, se repartieron por todo el mundo bajo el signo de la ruina y la pobreza, y sabíase—al menos así se dijo entonces—que muchos generales y mariscales del gran Ejército moscovita dedicáronse a modestísimos oficios para garantizar su sustento; oficiales del Ejército y la Marina, y mucha de la juventud exilada, ocuparon plazas de camareros en cafés y grandes hoteles alemanes, londinenses y parisinos.

Esta infeliz aristocracia, víctima del alubión de la revolución, dando prueba de su resistencia moral, ocultaron en el fondo de sus pechos el secreto culto a la patria perdida y comenzaron su nueva existencia con subordinada aceptación al destino.

Los componentes del *Coro de los cosacos del Don* eran una de las infinitas agrupaciones de exilados que, de manera digna, ganaban el sustento con esa actividad. A continuación transcribo el programa que ejecutó dicho coro y cuyos títulos poseen sentido eco de la patria perdida...

1.° Himno de los cosacos del Don.
2.° ¡Señor!, inspiradísima plegaria.
3.° Canto religioso con solo de diácono.
4.° Marcha Kolatilina.
5.° Era el año 1893.
6.° Slenka Rasin.
7.° Volga, Volga.

8.º Himno al general Platoff.
9.º Rusia barrida por las nieves.
10.º Las campanas de la noche.
Y, como final, una canción popular.

El programa era extenso, como ven los lectores, desarrollado entre grandes aplausos, concedidos tanto a las canciones, llenas de patriótica emoción, como asimismo ante la situación de aquellos hombres, que lo fueron todo en horas felices y todo se hundió ante la invasión de los jinetes apocalípticos.

Hubo, no obstante, porque siempre hay espíritus duros, ajenos a toda emoción sentimental ni afectiva, cortísimo número de espectadores incomprensivos que iniciaron la nota discordante en el conjunto de plácemes del público para los componentes del coro. Naturalmente, quienes reaccionaban así contra aquellos hombres huídos de su patria, viéronse dominados por los aplausos, que los obligó al respeto para aquellos hombres que, lejos del lar, llegaban en embajada de arte a un pueblo culto y lleno siempre de sincera comprensión.

EL CAMPO DE SAN JUAN

Tenemos ante nuestra vista varias fotografías desvaidas por la acción del tiempo que nos traen vivo y jugoso el recuerdo de aquel Badajoz de principios de siglo, cuya evocación constituye grato regalo para el espíritu, fuertemente prendido en el encanto del pasado.

Aparece en una de las citadas fotos el jardín que rodeaba una de las dos fuentes, casi ocultas por la fronda; se ve la barandilla de hierro que separaba el paseo de la calzada y los arriates, en los que aparecen desmayados geráneos y rosales, predominando unas florecillas que llamábamos periquitos.

No falta en la fotografía comentada alguno de los aguaduchos existentes en el interior del paseo, correspondiendo el que figura en el centro a Teresa *la Manca*.

Frente a él se alza una de las dos columnas de hierro de los arcos voltáicos que iluminaban el paseo, alrededor de cuyos dos focos revoloteaban en verano millares de mariposas.

Daban acceso al paseo seis entradas, en cada una de las cuales existía una pareja de esbeltas palmeras. Comprende el primer plano de esta fotografia la vieja calle, hoy amplio acerado, que entonces era suficiente espacio para tráfico rodado, ya que aún no habían aparecido los automóviles.

Sobre el empedrado batían los cascos de los caballos del tranvía y coches de los hoteles, pesados armatostes éstos, que a su paso inundaban de ruidos las calles de la población. La parada de estos coches hallábase establecida frente al Ayuntamiento, espacio y lugar de reunión de cocheros, agarrantes y mozos de cordel, a quienes se unían otros contertulios, que tomando asiento sobre la barandilla del paseo, distraían las horas, en verano, particularmente, bajo la sombra de los frondosos árboles.

Fué siempre el Campo de San Juan, a pesar de lo irregular de su traza, grato lugar de Badajoz, que no ha perdido, con las diferentes transformaciones, su peculiar y grata fisonomía.

Para los que éramos niños cuando se impresionó la fotografía que motiva estas líneas, sentimos honda emoción ante esa arcaica estampa, porque ella nos trae el recuerdo no extinguido de aquellas horas de paz y de bonanza.

En las primeras horas matinales, doraba el sol la plaza de San Juan con las suaves tonalidades de la amanecida. Arriba, en el campanario de la torre, se desperezaban los gorriones saltando de uno a otro extremo del mismo, lanzándose luego en bandada al próvido regalo de las huertas y a llenar de parlería los bellos jardines del claustro.

Comenzaban a despertar los dormidos sectores de la población. En esta primera hora iban apareciendo los serenos, chuzo en ristre, embutidos aún en los amplios capotes que les preservaba del frío de las noches.

Por las calles desiertas iniciábase tímidamente la aparición de algún vendedor madrugador, particularmente los dedicados al despacho de leche, que instalaban sus puestos en la acera del paseo, exponiendo la mercancía en descubiertos baños de cinc o de latón, verdaderos receptores de polvo y de moscas.

Badajoz, como otras poblaciones de su categoría, hallábase aún sin decidirse a afrontar con energía los problemas de sanidad e higiene. Algunos aguaduchos comenzaban a preparar sus servicios para la clientela matinal, que por cinco céntimos mataba el gusanillo. Aún recordamos al señor Manuel, viejo castellano, dueño del aguaducho situado frente a la farmacia del doctor Camacho, al que veíamos en invierno tocado con su gorro de lana, embutido hasta los ojos, atendiendo con desenvuelta agilidad a sus clientes.

La voz de panadero sonaba en la quietud de la hora repartiendo los dorados molletes de Fidalgo o de la panadería de la calle de los Padres, suculento bocado, entonces a cinco céntimos pieza. Oíase el pregón de las mujeres que ofrecían los buñuelos recién fritos, apetitosos, enristrados en seca juncia, y el grito potente, alongado, de la vendedora, que, cesta a la cabeza, anunciaba repetidamente: ¡los bollos de chicharrones calentitos!

Calle Ramón Albarrán subían las burras de la leche, cuyas esquilas traían alegre son mañanero... Por la calzada cruzaban asimismo las piaras de cabras, cuyo conductor ordeñábalas para el suministro de su diaria clientela.

Poco después, calle del Obispo arriba, subía un hombre con sus vacas de ubres repletas, que eran desocupadas durante la mañana...

Poco a poco, la luz de la mañana aclaraba los tintes borrosos del amanecer en lenta transformación, como un desperezo prolongado. Por las calles que desembocan en la plaza iban apareciendo las primeras devotas dirigiéndose a la Catedral a oir la misa de alba. En la puerta del Cordero asomaba ya, embutido en su raída sotana roja, el señor Juan Pinto, el viejo *perrero*, aquel simpático y afable anciano de reluciente calva, cuya figura perpetuara el insigne Covarsí en uno de sus primeros lienzos, titulado *El prior*.

Cuando llegaba la hora, ya levantada la mañana, iniciaba el comercio la apertura de sus establecimientos. Don Avelino Carballo, con su gorrito negro, colgantes sus gafas sobre la punta de la nariz, colocaba, como todos los días, sobre la portada de su establecimiento, situado en el local que actualmente posee el café El Aguila, la sugestiva exposición de sus artículos: fajas, mantas, percales, pañuelos de sandía, tan codiciados del pueblo bajo portugués en sus visitas a Badajoz, y todo ello colocado con minucioso detallismo...

Iniciaba entonces su vida comercial don José María Alvarez Buiza en un modesto y limitado taller, cimiento recio en que se asienta la magnífica instalación de su actual negocio. Más tarde abría sus puertas El Imperio de la Moda, afluyendo las oficialas, que matizaban de juventud el femenil despacho de la sombrerería. Junto a la relojería, encontrábase el despacho de la Sínger, y esquina a Meléndez Valdés la tienda de Alfaro abría sus puertas, aguardando los posibles clientes matinales.

Lentamente acudía don Paco Alvarez a su librería, dispuesto a servir a la grey infantil los cuentos de Calleja, que tantos ratos agradables nos hacían pasar con sus ingenuas fábulas. Las domésticas, cesta al brazo, envueltas en sus mantones de felpa, pañuelo de seda a la cabeza, largos vestidos y perfectamente calzadas, con un recio taconeo que retumbaba en las aceras de la plaza, comenzaban a afluir desde las distintas calles para dirigirse al mercado de la Plaza Alta.

En la entrada de la calle de San Juan, frente a la imprenta de Claramón, se encontraba el personal de tralla y los que hacían espera de la hora de repartirse a sus trabajos. Entre aquéllos y los habituales al aguaducho de Peña, entablábanse conversaciones intrascendentes, en las que predominaban las discusiones políticas y profesionales de cada uno. En grupo aparte se hallaban los tipógrafos de Claramón y del *Diario*, personal culto que constituía la crema de la artesanía.

En uno de los accesos al paseo, el señor Emeterio López,

ilustrado tipógrafo, al aire su venerable calva, vestido con su blusa azul del oficio, leía en tono altisonante las noticias del periódico local a un grupo de obreros y oyentes espontáneos, quienes escuchaban con interés los comentarios y aclaraciones con que completaba su lectura aquel digno y excelente ciudadano...

Discurría la mañana, hasta la llegada del tren, con el arribo a San Juan de los tranvías. Más tarde, desde el Correo, situado entonces en el local que ocupa Radio Extremadura, traían la prensa, que era recogida por Miguel el ciego en la esquina de Meléndez Valdés, quien la repartía con asombroso tacto y rapidez. La última repartidora, que más tarde asumió por su cuenta esta función de corresponsal, fué Carmen Delgado, dinámica, simpática y excelente persona. Los vendedores de aquellos días se situaban en la esquina de Meléndez Valdés pregonando insistentes los nombres de los periódicos: *El Heraldo, El Liberal, El Imparcial y La Correspondencia*

A esta hora del medio día hallábase en plena actividad el Campo de San Juan, por cuya acera y calle circulaba el mayor contingente de la ciudad por su cómodo acceso a los distintos sectores. Los vendedores amenizaban con sus pregones la relativa tranquilidad de aquellas horas.

Recordamos con fijeza no desvaída, a pesar del tiempo, a uno que portaba un recipiente en cada mano, quien dejando en descanso ambas tinajas, lanzaba su pregón con musical sonsonete: ¡aceite y petróleo! Una mujer, con voz de contralto, anunciaba la mercancía con insistente reiteración, y asimismo con grato eco musical: ¡las sardinas sin sal, frescas y vivas!

Había un vendedor—amplias cestas en los brazos—, en las que portaba verdadero arsenal de objetos: peines, agujas, peinecillos, batidores, cacerolas, espumaderas, etc., etc., cuyo pregón consistía en el anunciado de sus numerosos artículos, en dicción rapidísima, más bien vertiginosa, que finalizada así: ¡Y todo barato!

Entre la fauna de vendedores callejeros veíanse a las verduleras, que transportaban los infinitos productos de las innumerables huertas. Al mismo tiempo, la voz de Mazzantini, el vendedor de pan, lanzaba su pregón como un reto: ¡a veintidós, de tahona!

A La Estrella acudían algunos labradores a estas horas que precedían a las de yantar, formando sus tertulias, en las que naturalmente predominaban las formalizaciones de compra y venta.

El instante en que hubimos de captar algunas de las fotos a que venimos haciendo referencia, debió ser en plena hora canicular, cuyo eco aparece ahí estatificado, definitivamente quieto, y cuya única sonoridad la constituyen los aldabonazos del recuerdo... ¡Dulce paz la que se nos muestra en esa vieja estampa, reflejo exacto de las horas locales en los albores del 900!

Todo el sector del paseo que ahí se advierte es, en su totalidad, escenario de los mejores días de la niñez de quienes en esos días atravesábamos la plaza para asistir al colegio de don Vicente Delgado, al de don Juan Saavedra, don Juan Lucenqui o al de don Francisco Aced Bartrina, situados en la misma calle Donoso Cortés...

Recordamos con verdadero cariño ese trozo de San Juan con sus bellas palmeras, sus jardinillos envolviendo los dos estanques, la barandilla de hierro rodeando el paseo, los arcaicos aguaduchos, y, sobre todo, esa quietud que se escapa de la vieja estampa, que expresa el sosiego de la hora mansa de la siesta, en la que todo parece sumido en profundo letargo.

Quizá en el momento en que se impresionó el negativo escapara por la puerta del Cordero el sonnoliento rumor del coro, y acaso las notas de algún piano de cualquier casa de la plaza interpretando alguno de aquellos valses románticos de Walteufel, tan de moda, o la delicada ternura de un lied, rimando propicio con la hora de absoluto silencio...

Caída la tarde, los dueños de los aguaduchos colocaban sus veladores en inestable equilibrio, acompañados de sillas de paja, sobre las que reposaban los habituales clientes, que justificaban el par de horas de asiento con la consumición del refresco de zarzaparrilla o de horchata de los grandes, de diez céntimos...

Comenzaban a llegar las niñeras, luego de las horas de siesta, acompañando a la grey infantil de la vecindad, que distraía la tarde corriendo tras los aros, jugando al corro y llenando de voces y alegres ecos el Campo de San Juan.

¡Cuántas de aquellas niñas, cuyas voces nos parece aún escuchar, las vemos hoy — felices supervivientes de aquellos días tan lejanos ya—, en suave declinar de otoños, y ante las cuales vuela en retorno la imaginación para posarse en ese melancólico escenario de principios de siglo, sobre el cual flota entre mil recuerdos el eco inolvidable de las bellas canciones infantiles!

Durante estas horas, el personaje más popular entre la poblacion de los pequeños era Pelayo, el conocidísimo barquillero madrileño, acaparador de la simpatía de los niños, entre los que repartía las nutridas existencias de su roja barquillera.

Asimismo era fecunda la clientela del vendedor de mariquillas, golosina muy estimada por los chiquillos de entonces, como igualmente el de los cacahuets, que transportaba el vendedor en su barco, paseando desde San Juan a San Francisco...

La administración de los coches de Salao encontrábase en el local que en la actualidad posee el café Colón, y siempre había movimiento alrededor de este sector de la calle, bien a despedir o aguardar a los viajeros de Jerez o San Vicente.

La llegada de las diligencias, igual que la partida, producía gran estrépito, pues los tiros, fogosos e inquietos, golpeaban fuertemente sobre las piedras de la calle. Las voces de los mayorales, entre los que recordamos a Frasco y *Saliva*, sonaban con animadas interjeciones, salpicando e intercalando la jerga restallante y cocheril, avivadora del ganado, que parece obedecer únicamente a estas consignas para enardecerse en las jornadas del viaje.

VESPERTINA

Cuando las campanas de la torre tocaban a oracion, iniciábase el desfile de la población infantil y allí quedaba envuelto, entre las primeras tintas del atardecer, un eco de voces, risas y canciones...

Más tarde, la plaza iba invadiéndola el silencio; en el ambiente, perfumado de la anochecida, flotaban, como un ritornello, todos los rumores del día. Gradualmente, las horas avanzaban y en cada momento se adensaba la quietud de la población. En los árboles que embellecían el paseo, el innúmero tropel de gorriones, harto de correrías durante el día, buscaban su diario y habitual cobijo nocturno al amparo del espeso ramaje, en un piar inquieto y constante, hasta hallar cómodo lugar.

Poco más tarde, apagábanse los dos arcos voltáicos de la plaza y todo quedaba en semipenumbra. Las campanadas de la media noche dejaban escuchar su vibración prolongada, gradualmente extinguida, y, de pronto, rompía totalmente el silencio el graznido agorero de las lechuzas escondidas entre las pétreas gárgolas de la Catedral.

Ocultas entre los árboles de la plaza, quedaban, prendidos en las tupidas ramas, los dulces ecos de las voces infantiles, divinamente evocadoras...

Me casó mi madre, me casó mi madre,
chiquita y bonita, ¡ay!, ¡ay!,
chiquita y bonita...

CARRETERA DE LA ESTACIÓN

Desde la Estación del ferrocarril, hasta la cabeza del puente, sólo recuerdo la existencia de algunas pequeñas edificaciones de una sola planta en el lado de la iglesia. En el edificio de esquina, actualmente farmacia, había una casita minúscula con una pequeña terraza a nivel inferior del piso de la calzada, a la que se descendía por algunos escalones.

Allí había un cafetín típico al que asistía la grey de la tralla, cocheros del tranvía y de los coches de las fondas, agarrantes y mozos de estación, que entretenían la espera del tren de Madrid jugándose a la brisca o al dominó las frecuentes libaciones de cazalla y del aromático café con cinco terrones de azúcar pilón, que hasta en los cafetines modestos, como el mencionado, era costumbre servir a la clientela.

A continuación se hallaban varias casas más, construídas modestamente; más allá se veían los cocherones del tranvía. En el interior de esta zona existían varias viviendas en calles sin urbanizar; casas igualmente modestísimas, sin el menor signo estético.

En el lado opuesto de la carretera no existía la menor edificación, pues aquel era campo de labor perteneciente a la dehesa de Las Matillas. La costumbre había hecho invadir, trazada por la gente, una senda o trocha a partir de la cabeza del puente en dirección a la Estación, que desembocaba frente a la casa de máquinas, con lo que se acortaba la distancia.

Desde el andén hasta el interior sólo aparecían las dependencias de la Compañía y viviendas de los ferroviarios; por lo tanto, lo que hoy conocemos ampliamente poblado, tanto en una como en otra ala de la Estación, Gurugú y la parte derecha, sólo era campo aislado y sin vida.

Siendo muy joven, recuerdo que una de las primeras casas que allí se construyeron con aire de comodidad urbana y de buen aspecto, la mandó edificar don Mariano Aguas, culto Profesor del Instituto y personalidad muy conocida en Badajoz.

Uno de los últimos años de la pasada centuria, el Obispo que regía la diócesis de Badajoz, don Fernando Ramírez, proyectó la erección de una iglesia para la Estación, pues la barriada crecía y su vecindario veíase privado del cumplimiento de sus obligaciones, sobre todo en la época invernal, por la dificultad que suponía no ya ir a Badajoz, sino al mismo Puente de Palmas, dado el terrible barrizal, que hacía intransitable el paso.

La generación nueva no es posible que pueda imaginar lo que eran la Estación y carretera, e igualmente la calzada del puente, en épocas de lluvia. Éste, sobre todo, teníamos que cruzarlo por sus estrechísimas aceras interiores, pues los paseos laterales no fueron proyectados hasta algunos años más tarde.

Era, además, peligroso el paso del puente, porque en muchas ocasiones ocurrieron peripecias y accidentes, como sucedió un día en que se desmandó un novillo que, con otros, iba conducido al Matadero, arremetiendo a las mulas del tranvía y matando a una de ellas. En su loca carrera arrolló a un muchacho que, naturalmente, no encontraba sitio donde guarecerse, e igualmente volteó a un portugués, infiriéndole lesiones que, por fortuna, carecieron de gravedad.

No pudo el Obispo, señor Ramírez, dar cumplimiento a su deseo de construir la iglesia en la Estación; al ocurrir su fallecimiento el 1890, su digno sucesor, fray Francisco Sáez de Urtury, franciscano, tampoco hubo de realizar el proyecto de su antecesor, pues apenas rigió dos años la diócesis de Badajoz, desde donde pasó al Arzobispado de Santiago de Cuba.

Dió cumplimiento a la iniciativa de don Fernando Ramírez el nuevo Obispo, don Ramón Torrijos Gómez, que tomó posesión en 1894 e inmediatamente puso en estudio el proyecto de la creación de la ya citada iglesia para la Estación.

Y, efectivamente, la tarde del 14 de Abril de 1896, era colocada la primera piedra a presencia del Prelado y autoridades invitadas al acto. Un año después, una vez finalizadas las obras, se acordó la inauguración del templo el 24 de Abril, en que fué bendecido el edificio por el señor Obispo.

La primera misa fué oficiada en la iglesia de la Estación, al día siguiente de su bendición, por el señor Obispo, revestido de pontifical, asistido por varios capitulares y otros sacerdotes del clero parroquial.

Durante el sagrado oficio se cantó la misa de Eslava, que fué competentemente dirigida por el maestro de capilla, señor Call, y magistralmente interpretada por la orquesta y cantores de la Catedral.

Ocupó por primera vez la sagrada cátedra el Magistral don José Henares Rabadán, quien en el exordio dedicó sentido recuerdo al fallecido Obispo, don Fernando Ramírez, feliz iniciador de la construcción de la iglesia de la Estación.

La iglesia fué consagrada a San Fernando y Santa Isabel, por haber sido su fundador, como ya hemos dicho, el

Obispo, don Fernando Ramírez, quien legó en su testamento una respetable cantidad para la edificación del templo.

La dedicación a Santa Isabel tuvo origen en razón a llamarse así la madre de don Sancho Sanabria, generoso donante de los terrenos en que está enclavada dicha iglesia, así como la casa rectoral.

Agregada a la misma quedó la parroquia del Corazón de Jesús, en el mercadillo de La Corchuela, templo igualmente fundado por el ilustrísimo señor Obispo, don Fernando Ramírez.

Por cierto que el día fué terriblemente desagradable, pues durante toda la mañana cayó una lluvia verdaderamente torrencial, enfangando aquellos sitios y haciéndolos intransitables de todo punto. Esta circunstancia impidió la asistencia del público a la inauguración de la iglesia en aquel lejano día de Abril.

¡Qué desolados, amigo lector, aquellos sitios de que te hablo, en los días eternamente ocultos ya tras la línea divisoria de dos siglos!

Unicamente a la hora de los trenes se observaba movimiento en la carretera, por la que ascendían o bajaban los coches de servicio a los hoteles; aquellos coches grandotes, pesados, cuyo rodaje abría verdaderos abismos en el pavimento de la carretera, enfangada en época de lluvias o levantando asfixiante polvareda en los días de verano.

El único servicio cómodo era el tranvía de caballos, siquiera en épocas determinadas más que un servicio constituyera una nota jocosa. Tiene su historia curiosa el tranvía de Badajoz.

Allá por el año 1888, un señor llamado don José López Sánchez, cuya figura fué muy popular en Badajoz, solicitó autorización para implantar en esta capital un servicio de tranvías con tracción animal como en todas las poblaciones donde se hallaba montado este negocio. Fué aprobada la concesion, y en virtud de esto hizo sus planos y un buen día se realizó la colocación del primer rail, acto que tuvo lugar el 16 de Octubre de 1888. Este hecho fué bien festejado por el concesionario, invitando a todas las autoridades, a las que se sirvió espléndida comida, durante la cual se pronunciaron entusiastas brindis por varios señores asistentes a la invitación, entre los que se encontraba el general Seijas, Presidente de la Diputación, Alcalde, ediles, prensa, etcétera, etc. En los discursos se felicitaba al señor López Sánchez por la implantación de tan útil servicio, abogándose por que éste tuviera el mejor éxito.

Durante aquel año se realizó la colocación de vías, incluso la que llegaba a la Plaza de la Soledad, pero debió rectificarse luego de la práctica, realizándose el itinerario que hemos conocido: San Juan-Estación.

Ahora verán ustedes los auspicios con que comenzó su vida el servicio de tranvías en Badajoz. El 19 de Marzo de 1889 se pretendió inaugurarlo, y aun cuando esto constituya, a pesar del tiempo transcurrido, un sonrojo para los que tanto queremos a Badajoz, tengo que manifestar a ustedes que aquello fué una verdadera vergüenza.

Varios grupos no numerosos asaltaron los flamantes coches recién construídos, desengancharon los tiros, maltratando a los caballos, rompiendo cristales, frenos... Una verdadera vergüenza, repito.

Hasta tal punto quedó maltrecho el nonnato servicio, que hasta transcurrido unos meses, en que se repararon desperfectos, no pudo iniciar su vida el tranvía de Badajoz. La reacción de la prensa y la de la opinión justa fué, como es de rigor, dura y firme.

Años después, el propietario del tranvía abandonaba su atención al negocio, no reparando desgastes ni desperfectos en coches y vías, y así la vida del tranvía se deslizó difícilmente, casi como un baldón para la ciudad. Y aquello acabó.

Mucho tiempo después, nueva empresa, animosa, trabajadora y entusiasta, se hizo cargo del servicio: restauró coches, construyó otros con excelentes materiales, adquirió igualmente nuevo material de vías, modificó curvas, compró caballos fuertes y sanos, y, en fin, imprimió al servicio el mayor acierto en su cometido.

Esta fué la última etapa del tranvía de Badajoz, en la que borró totalmente, con un perfecto servicio durante los años que tuvo de vida, el recuerdo de las anteriores hasta finalizar su concesión.

Volviendo nuevamente a la carretera de la Estacion, usted, joven lector, no puede imaginar lo que era aquella carretera, transformada hoy en la bella Avenida de Carolina Coronado, invadida de edificios a ambos lados, con sus calles trazadas y las en proyecto. Todo este espacio era ayer lugar desolado, sin atractivo, sin que ninguno de los que atravesábamos por sus deficientes aceras pudiéramos sospechar que un día se convirtiera en lo que hoy es.

Esta carretera de la Estación, no obstante su detestable piso, era, sin embargo, la más frecuentada, especialmente los domingos y días de fiesta, pues el buen pueblo de aquellos días gustaba pasear por el andén una hora antes de la partida del correo de Madrid, inundándose de paseantes (el andén); muchos continuaban por uno de los paseos laterales de la vía férrea que conducía al fuerte, donde se aglomeraba el mayor número de personas situadas en aquellos sitios, desde donde veían cruzar el tren a su salida de la Estación.

Y el tiempo pasó. La vida del importante barrio de la Estación adquirió de año en año el ritmo que merecía y ahí está pujante, cada vez más nutrido, más bonito, con una sola excepción lamentable y destacada en ese conjunto admirable. Me refiero a la Estación, edificio arcaico, vetusto e impropio ya de Badajoz y en cuyas paredes parece que aún existe impregnado el humo negro y denso de la primer locomotora llegada a Badajoz.

Parece que existe el propósito de elevar una Estación digna de nuestra ciudad. Satisface profundamente este rumbo que se observa en las cosas de nuestro pueblo y esperamos la pronta realización del magnífico proyecto que dé el tono y rango que merece este Badajoz, hasta ahora absoluta y lamentablemente abandonado.

CAMPO DE SAN FRANCISCO

A partir del siglo XIV, fecha en que fué erigido el convento de San Francisco, se llamó Campo de San Francisco todo el amplio espacio comprendido entre la mitad de la calle Moreno Nieto y las murallas. Era aquel extenso campo sin población, pues tanto el convento de Santa Catalina como el Palacio Episcopal fueron edificados en épocas posteriores, 1624 y 1690, respectivamente.

La Plaza de San Francisco, hoy Plaza del General Franco, fué en días lejanos ubérrima huerta del franciscano monasterio. En el cuartel de caballería conocimos hace muchos años los escuadrones de Lanceros de Villaviciosa, después los de Dragones de Villarrobledo, y en la actualidad Dragones de Hernán Cortés.

Este cuartel, llamado de La Bomba, parece que fué construído sobre restos de una alcazaba mora. Otro edificio levantado con posterioridad al convento de Padres observantes franciscanos, fué el Seminario Conciliar de San Atón, en 1754; a continuación se hallaba el convento de Monjas descalzas, elevado igualmente en el siglo XIV, actualmente hospital de San Sebastián.

Corrieron los años, la guerra de la Independencia hizo estragos perfectamente visibles en la sólida fábrica del monasterio; la actividad bajo sus muros declinaba lentamente. Todavía en el primer cuarto de siglo del XIX había cerca de veinticinco religiosos, que allí permanecieron hasta 1835, en que fué decretada la exclaustración.

El edificio más notable construído en dicho Campo de San Francisco, aparte los citados anteriormente, fué el teatro López de Ayala, en 1886, frente a cuya fachada se erigió, el año 1898, la estatua de don José Moreno Nieto.

Otro edificio que tuvo su nacimiento en el reinado de Carlos IV es el Parque de Ingenieros, que igual que otros edificios de la ciudad, sufrió grandes mutilaciones en la guerra de la Independencia, destruyéndose parcialmente y conservándose únicamente la planta baja.

Cuando aún éramos muy niños, oíamos a gentes antiguas referencias de la huerta del convento. Todavía aquellos viejos informadores conocieron la noria que alimentaba los sedientos canteros, cubierta por un muro de arcadas góticas, y, a su lado, un estanque que almacenaba las aguas para el riego del jardín, cerca de la huerta.

Eran estos lugares que acabamos de mencionar abandonados e inhóspitos, en los que sólo aparecían con aliento de vida los muros del convento de San Francisco, cuya vejez aún resiste con firmeza su duro caminar sobre los siglos.

En el Campo de San Francisco se improvisaron en distintas épocas plazas de toros, como ocurriera durante la proclamación de Carlos IV, en cuyos días se jugaron 36 toros, actuando de espada el célebre Pedro Romero, gigantesca figura del toreo e inventor del volapié. En estos días se celebraron igualmente en San Francisco suntuosas fiestas por la proclamación del Monarca de España, a las que asistió la totalidad de la población.

En 1836, siendo Gobernador militar de la plaza don Juan González de Anleo, convirtió parte del Campo de San Francisco en paseo, cuyo buen propósito fué muy bien acogido por el vecindario. (Las gentes conocieron esta reforma por «delicias de Anleo».)

Años después, el Alcalde, que entonces lo era don José María López, realizó algunas reformas (creando un salón central con asientos de mampostería y un obelisco de mármol rodeado por una fuente). En el curso del tiempo el paseo sufrió diversas transformaciones.

En 1895 se desmontó un templete de madera que allí existía para las bandas, sustituyéndolo por el quiosco de hierro actual y que, a título de curiosidad, diré a ustedes que fué construído en los talleres de don Fernando Bigeriego, cuyo importe fué de 4.500 pesetas. En esta reforma se desecaron algunos estanques que existían repartidos por el paseo. Al mismo tiempo fué inaugurado un magnífico lago que comprendía toda la longitud del paseo, correspondiente al frente del Parque de Ingenieros y Delegación de Hacienda, dividido por un puente de madera y rodeado de hermoso arbolado. Dicho lago embellecía la amplitud de la plaza y no sabemos qué razones justificarían su desaparición.

No recordamos fijamente la época en que se realizó una de las reformas en la que se colocaron las palmeras que se yerguen altivas alrededor del mismo, creemos que fuera en 1902 y es casi seguro que a iniciativa de don Narciso Vázquez.

Ya existía la barandilla de hierro, sobre la cual los muchachos de varias generaciones realizaron prácticas gimnásticas, aprendizaje que costó no pocas descalabraduras a los audaces circenses infantiles.

En los días de la Dictadura se reformó nuevamente el paseo, construyéndose de cerámica los bancos y zócalos de las palmeras, los cuales aparecieron poco después heridos y maltratados en su mayor número, debido a la ancestral barbarie de los enemigos del progreso, que eran, amigo lector, dignos precursores de los gamberros de hoy.

Los conciertos en el paseo de San Francisco se celebraban los martes, viernes y domingos, por las bandas de los regimientos Castilla, Gravelinas y la Municipal, que dirigían don Lorenzo Ayllón, don Sebastián Cabezas y don Mateo Alba, respectivamente.

Era curioso el respeto que se observaba entre las distintas clases sociales, bien acusado en el paseo; en el cuartel central tomaban asiento las personalidades de mayor categoría social de Badajoz. Las damas aparecían elegantemente ataviadas, tocadas con sus sombreros enormes, que hoy nos parecen absurdos cuando los admiramos en las revistas de aquella época.

Al llegar a este momento he de manifestar a los jóvenes lectores que aquel atuendo femenino no era, como pudiera creerse, ni cursi ni ridículo, ya que respondía a la moda de aquellos días, pero, además, hay que afirmar que era bonito, pues nuestras damas competían en buen gusto y elegancia con cualquier otra capital de las que se precian ir en vanguardia del último grito y jamás desentonaron en las grandes fiestas de la Corte. Sabemos por antiguas referencias de personalidades de aquella época que las damas extremeñas atrajeron las miradas y despertaron admiración entre aquel público selecto y exigente del Real por su belleza e innata distinción, sus fastuosas galas, y, en fin, amigo lector, por esa sutil gracia de la mujer de nuestra tierra, que no es facultad que se aprende o se imita, pues es espontánea e instintiva como soberanía del espíritu de la raza.

Las señoras constituían sus tertulias en las noches de concierto; próximo el verano, las conversaciones deslizábanse acerca de los preparativos para la temporada en las playas portuguesas. Muchas sentían ya la nostalgia de Figueira da Foz, con su clarísima playa, las deliciosas horas bajo el toldo de las casetas, viendo bañar a los niños de manos de Juan el bañero, y cbarlar con las amistades frente al mar, aspirando la brisa saturada de yodo del océano.

Las jóvenes recordaban a sus amigas, las noches del Peninsular, con sus bailes elegantes—románticos valses de Franz Lehar—. La juventud guardaba estas efemérides, que más tarde, al retorno a la vida pacífica de la ciudad, constituían el eco nostálgico de horas inolvidables.

Los asientos de San Francisco no eran ciertamente cómodos, pues consistían en duras sillas de hierro, molestas y no siempre en el estado de limpieza conveniente. Mientras tanto, la juventud paseaba incansable, daba vueltas, consumiendo las tres horas del concierto.

Las mamás observaban curiosas al mocito tímido que una y otra vez se cruzaba con las niñas sin atreverse a dirigirles más que ilusionadas miradas que despertaban azorados sonrojos en ellas, perfectamente disimulados tras las finas varillas del abanico. Recordamos los titubeos iniciales de los pretendientes en aquellos días, quienes hasta declararse a la preferida insinuaban sus deseos siguiendo sus pasos incansablemente.

Sólo las miradas incendiarias constituían los primeros meses de la antedeclaración; luego, el vehículo portador era una carta de redacción encendida, igual en todos los pretendientes. Hablamos en casos no generales, sino frecuentes.

Así veíamos a las muchachas en las noches de concierto de un extremo a otro del paseo, y tras las cuales los jovencitos enamorados seguían incansables una y otra vuelta, uno y otro día, hasta que un hado feliz ahogaba sus timideces, y entonces era llegado el momento de la bien madurada declaración.

El paseo existente entre el quiosco de la música y el central lo ocupaban generalmente los aficionados a la música, que desde allí escuchaban los conciertos. Recordamos a muchos de los antiguos comerciantes de la época, que en este sector dejaban transcurrir las horas de ocio, satisfaciendo sus aficiones musicales.

Este lado del paseo tenía su público característico y en él predominaba la clase media. El sector opuesto, en el que, como al principio de esta estampa hemos manifestado, se hallaba embellecido por el lago, al que también hemos hecho referencia, constituía el lugar preferido por los paseantes modestos. Alrededor de la plaza, una compacta multitud deambulaba repetidamente, monótonamente, en fatigosa labor de noria.

Este público, que giraba dando vueltas en derredor del paseo, era el más númeroso, pues contaba en sus filas al pueblo medio y humilde, grupos de muchachitas acompañadas de pretendientes, parejas que allí se daban cita, muchachos largos y cortos de genio, que, envueltos entre la multitud, asaetaban magnéticamente a la mocita, que se resignaba ante la torpeza o la audacia del pretendiente. Y en fin, una multitud en la que se incrustaba la milicia, de *cabo para abajo*, piropeando a placer, sin agotar el repertorio de los más o menos galantes chicoleos.

Había también la fauna de los «gansós», que durante todo el concierto se dedicaba a molestar a las jóvenes paseantes, en muchos casos con frases desagradables.

En tanto, la Banda realizaba su programa, que, igual que ahora, iniciaba con el pasodoble *La cara de Dios*, *Machaquito*, *Camino de rosas*, intercalando en los mismos *Los diamantes de la corona*, *La Zarina*, *El grumete*, *El juramento*, etc., etc., finalizando el mismo con otro airoso pasodoble.

Cuando daba comienzo esta última parte, empezaban a abandonar sus sillas de hierro los ocupantes del primer paseo.

Con las notas postreras, iniciaba su partida el resto de los asistentes a San Francisco hacia los diferentes sectores de la población, casi en su totalidad a oscuras a esas horas.

La mayor parte dirigíase por Minayo, calle de Moreno

Nieto arriba, bifurcándose desde San Juan a los sectores que parten de esta plaza.

Media hora después, el Campo de San Francisco quedaba sumido en absoluto silencio... Acaso, desde el tejado del cuartel, alguna lechuza lanzaba su chillido de agorería...

Apagábanse los focos que casi alumbraban la plaza y nada podía afirmar que una hora antes poblara el paseo una multitud alegre y bulliciosa.

Unicamente quedaban, en épocas en que había compañía teatral en el López de Ayala, el tímido temblor de las lámparas de la portada, mientras se escapaba por la entreabierta puerta central el eco acentuado de la voz del tenor, que en *Marina*, al arribar a las costas de Levante, sentía cómo se inundaban sus *dichosos ojos* de luz cegadora y marinera.

CARRETERA DEL VIVERO

Desde el comienzo de la carretera de Portugal, hasta llegar a los edificios de Obras Públicas, no existía ninguna edificación en la época en que sitúo estas referencias.

Los terrenos extendidos a ambos lados de la misma pertenecían a la finca llamada Las Cuestas, hoy convertida en linda barriada de modernos chalets. La carretera era casi intransitable entonces por la cantidad de barro acumulado en la época de lluvias o por contrario por lo accidentado del piso, debido a los surcos originados por el rodaje y el polvo insoportable del verano.

A la izquierda de la carretera, hasta la orilla del río, no había nada construído, únicamente el canal se deslizada lentamente atravesando la cañada. Frente a Obras Públicas aparecían los lavaderos, en los que numerosas mujeres dedicadas a este menester mostraban incansable actividad.

Constituían las lavanderas una pequeña agrupación que, portando grandes bultos de ropa a la cabeza, sostenidos en maravilloso equilibrio, pasaban el puente, emprendiendo, como un minúsculo ejército, su marcha por la carretera hasta desembocar en los lavaderos; allí pasaban el día, en la ingrata tarea peculiar de su oficio, hasta que finalizaba su jornada, tornaban, caída la tarde, con los ingentes líos de ropa, purificada ya por el agua corriente del río y del sol de justicia de nuestra tierra.

Durante varios años, una familia local, los Vizcondes del Parque, pusieron a disposición de las lavanderas un carro con su conductor, que hacía el trayecto de Puerta de Palmas a los lavaderos, con cuyo servicio las laboriosas mujeres hacían menos fatigosa la caminata.

La nutrida arboleda de Las Moreras fué plantada en 1917, a iniciativa del entonces Concejal don Pedro Arroyo, con el propósito de fomentar la cría del gusano de seda, abriendo campo a una futura industria, pero lo cierto es que, a medida que aquel arbolado crecía, iban nutriéndose sus alrededores de una vecindad compuesta por el detritus de otros sectores.

Las Moreras constituyeron, durante años, verdadera guarida de lo peorcito: cobijo de gentes que tenían en jaque a las familias honestas que allí vivían. Con el tiempo y otras causas, aquel vecindario fué desapareciendo, si no en la totalidad, en su mayor número, y ahora, quienes así lo desean, siguen cultivando sus huertos, con cuyo producto subvienen a sus necesidades.

Es sabido que estas pequeñas porciones de terreno, junto al canal y próximas al río, son cuidadas con esmero y constancia por sus poseedores, produciendo jugosos frutales y espléndidas flores.

El lugar más atractivo de la carretera era el Vivero, entonces un bello parque, con sus calles de evónimos y tupidos arrayanes; nutrida fronda de álamos le rodeaba, prestándole sugestivo encanto. En el centro, discurría lento y sosegado el canal, entre un túnel de profusa arboleda, destacando su clara corriente, en la que se bañaban los helechos nacidos en sus orillas.

En el bosque que entoldaba los paseos anidaban multitud de ruiseñores, que prestaban lírico encanto con sus trinos y arpegios, ofreciendo un tono casto y romántico al bellísimo lugar. En las mañanas de primavera, verano y otoño eran muchas las familias que visitaban estos jardines, gozando de ese olor inconcreto de los parques, igual en la inicial floración que en el lírico final de los otoños.

Rosas abiertas regalaban sus perfumes y los evónimos, con su acre aroma, hacían gozar a la gente de su delicia, atraída por el bienestar que ofrecía la quietud de aquellos jardines, retrasando, en lo posible, el retorno a la ciudad.

Allí llevaban a los niños delicados de salud o convalecientes para respirar el aire puro y sano de las mañanas, distraídos en sus juegos por aquellos paseos sin temor a los coches y bicicletas.

En los asientos existentes en la bella plazoleta central se situaban las personas mayores, formando animadas tertulias; las señoras llevaban sus labores, entreteniendo, prácticamente, las horas, mientras la gente nueva distraía el tiempo paseando por las alamedas o asomadas al puentecillo, bajo el cual, amparado por la umbría de la espesa arboleda, se deslizaba el canal.

¡Cuántos idilios se tejieron en el silencio de aquellos encantados rincones! Horas de plenitud en el hondo sosiego de las mañanas, abiertas a la infinita caricia de los jardines. En sus senderos se respiraba una paz casi idílica, sin otro ruido que el de la noria en su incesante labor y el canto de los pájaros.

Desde un ángulo del jardín veíase la llana extensión del campo. Al fondo, tras el espejeante reflejo del río, admirábanse los torreones de Puerta de Palmas, y, detrás, la ciudad, destacando la mole de la torre de San Juan; más lejana, la cúspide de la Concepción, ocultando, en parte, la torre milenaria de Espantaperros.

El jardín del Vivero era entonces el más apetecible remanso para el público, ya que aún no se había creado el Parque de Castelar, todavía sucio y abandonado Campo del

Presidio, huerta próspera un día del dominico convento frontero.

Era, por tanto, obligada la asistencia al Vivero para quienes apetecían aspirar olor a jardín, saturar los pulmones de aire puro y llenar sus ojos de luz y color en una conjunción armónica y bella. ¡Quién sabe si en las amables umbrías de aquellos jardines se hicieron promesas, se abrieron horizontes y afloraron a los labios y al corazón los primeros balbuceos de ilusión, que un día fueron dichosa y fecunda realidad!

Los poseedores de coches gustaban preferentemente dar unas vueltas los domingos y días festivos, luciendo sus lustrosos y bien asistidos caballos.

Los carruajes portugueses visitaban con frecuencia nuestra ciudad, preferentemente para asistir las familias de Elvas a los acontecimientos teatrales en nuestro recordado López de Ayala. En su mayor número, aparte los particulares, entonces escasos, veíanse los de Carvalho, una empresa de Elvas.

Poco después de su aparición, veíase al automóvil del Conde de la Torre del Fresno, que, acompañado de sus hermanas políticas, visitaba diariamente el Parque, la hermosa finca que en dicha carretera poseía, perteneciente hoy a sus herederos, la familia Murillo; era el único coche que a diario paseaba por la carretera, sin que su velocidad fuera jamás un peligro para los paseantes.

Los primeros edificios de los que yo recuerdo, fueron, en la carretera, el chalet de San Antonio; luego el del señor Acosta, y algún tiempo después, lentamente primero, casi con vértigo después, fué poblándose aquel sector, uno de los más bonitos de Badajoz, cuyo porvenir es hoy magnífico, por la importancia que ha de adquirir con el nuevo puente.

Para nosotros, hombres de ayer que ya sumamos buen

número de años, uno de los recuerdos que conservamos con más firmeza con respecto a la carretera del Vivero es el de los días de feria de Mayo, iniciada en estos sitios en 1908, particularmente la tarde en que tenía lugar la batalla de flores, en que la carretera, no obstante su deficiente piso, ofrecía el más lindo aspecto, pues aparte del superficial arreglo a que se le sometía en esos días festeros, aparecía sembrada de confetis, serpentinas y flores, que a modo de tapiz ocultaban oportunos los desniveles originados por viejas rodadas.

Los árboles contribuían igualmente al exorno de la carretera; viejo arbolado que prestaba grata sombra a los paseantes, quienes en las tardes dominicales se acercaban hasta Obras Públicas, retornando lentamente un par de horas más tarde, antes de iniciarse el crepúsculo.

Un aspecto de ya lejana perspectiva para nosotros lo constituía el día de la fiesta de Nuestro Señor de la Piedad, en Elvas, en cuya ciudad portuguesa se celebraba su feria anual de San Mateo, con sus piadosas y bellas funciones religiosas, su notable exposición de ganados, las corridas de toros y los fantásticos fuegos artificiales, magnífico espectáculo que los no asistentes a Elvas observaban desde las bandas del puente de Palmas.

La carretera del Vivero veíase nutrida de carros, tartanas y coches que asistían a la ciudad fronteriza, entonándose por los romeros que en elevado número la visitaban, canciones alegres salpicadas del optimismo que imprimían las horas de romería.

Hoy la carretera del Vivero, invadida por bellos chalets, es sin duda uno de los sitios más bonitos de la población y evidentemente el que tiene el futuro más próspero e interesante, tan pronto el puente en construcción inicie su actividad.

Para quienes hemos conocido despoblada la carretera de

Portugal hasta el Vivero y Obras Públicas, sin otra cosa a ambos lados que tierras de labor, y la vemos hoy embellecida por magníficos chalets y otras edificaciones, no es locura suponer que en el término de pocos años, toda la carretera, desde Obras Públicas hasta Caya, se transforme en soberbia avenida poblada de edificios, pórtico magnífico de acceso a la población para nuestros fraternales amigos de Portugal.

Un día no lejano, el nuevo puente ofrecerá nueva vida y mayor dinamismo a esos bellos sitios del Vivero, que fueron remanso en el vivir de otras horas; con sincero afán deseamos que esto llegue lo más brevemente posible, pues significará un paso de avance en el progreso de nuestra ciudad; no obstante, para los de ayer, juntamente con este vivo deseo irá paralelamente unida la nostalgia de horas vividas en aquel romántico jardín de ensueños rotos, ahogados en la corriente del canal y acompañados en lento desfile por la marcha fúnebre, interpretada con trinos y fermatas por los líricos ruiseñores que nacieron en los cálidos nidos de antaño...

ÍNDICE

Págs.

EL EXCE-
LENTÍSIMO AYUNTAMIEN-
TO, PRESIDIDO POR EL ILUSTRÍSIMO
SEÑOR DON RICARDO CARAPETO BURGOS, ACORDÓ
PUBLICAR LA PRESENTE OBRA, QUE SE IMPRIMIÓ EN LOS TALLE-
RES TIPOGRÁFICOS DE LA EXCELENTÍSIMA DIPU-
TACIÓN PROVINCIAL DE BADAJOZ,
EN EL MES DE DICIEMBRE
DE 1960.